更紗

いのちの華布

写真　松本路子
文　佐藤留実

淡交社

目次

＊各キャプションの最後に付したⓜなどの記号は所蔵者を示す。巻末159頁参照。

18世紀のヨーロッパ向け手描きインド更紗。
いのちの讃歌である生命の樹模様を描いた
装飾用布の一部 。ⓜ（2頁）

魅惑の布、更紗

艶やかな大輪の花、可憐な小花、絡まる蔓草、鳥や獣、魚、虫……。森羅万象、生きとし生けるものが鮮やかに描き出された布、更紗。木綿の織布に手描きや型でさまざまな模様が染められたものだ。

その発祥地はインドで、インダス文明が栄えた大地では紀元前から木綿が豊富に栽培され、高度な媒染・防染技術によって、茜色をはじめとする鮮烈な色彩が染められていた。16世紀から17世紀にかけての大航海時代、インド更紗は交易品として海を渡り、世界各地の人びとに熱狂的に受け入れられた。

わが国においては、その多くはポルトガルやオランダなどの貿易船によってもたらされ、江戸の人びとに高価な舶来品として珍重された。更紗の語源には諸説あるが、インドの東海岸から産出された極上の綿布「サラーサ」が由来ではないかともいわれている。

東南アジアやヨーロッパに渡った更紗は、その爆発的な需要から、盛んに模倣が試みられ、やがて各地でそれぞれの文化を背景とした独自な色彩と模様が生み出された。

ヨーロッパでは大量生産の必要性から産業革命の起爆剤となり、最新のテクノロジーで生産されたプリント地が世界を席巻していった。現在、我々が目にする多くの布のプリント模様は、更紗をルーツとしているといっても過言ではないかもしれない。

手工業から機械の時代へと、時代を大きく転換させる原動力となるほど人びとを夢中にさせた更紗。その魅力とは何だったのだろう。

ヨーロッパにはインドから渡った「生命の樹」模様を染め出した大判の更紗がたくさん残されている。大地に根を張り立ち上がる樹は花や鳥をまとい、どれもが力強い生命力にあふれている。聖なるいのちの象徴はまた、描かれた楽園として、人びとはそこに永遠なるものを見出した。

このいのちの輝きこそ、更紗の魅力を探る源泉ではないだろうか。その源から、さまざまな時代や地域で生まれ愛でられてきた布の息づかいをたどり、現代に生きる私たちをも虜《とりこ》にしてやまない布、更紗の魅力を繙いてみたい。

インド更紗

19世紀後半の鋸歯《きょし》模様の手描き更紗。
のこぎりの歯のような模様はジャワ向けの
インド更紗に多くみられる。(も)

更紗発祥の地インド。インダス文明が栄えた大地は木綿の一大産地であり、古くから染織技術が発達しました。インダス川下流のモヘンジョダロ遺跡（紀元前2300〜紀元前1800）からは茜染めの木綿布が出土し、紀元1世紀前後にはエジプトやローマ帝国にも輸出されていたのです。

茜や藍をはじめとする鮮烈な色彩はインド更紗の最大の魅力です。そこには木綿を染めるための高度な媒染・防染の技術が存在していました。媒染は媒染剤を使って布に染料を定着させる方法であり、防染は染料の定着を防ぐものです。といっても自然のものを使って染めるのはたいへん難しく、インド更紗は他国の憧憬を集めました。

色彩に加え、もうひとつの魅力はその長い歴史が創り出した模様です。華やかに彩られたビシュヌをはじめとするヒンドゥー教の神々の物語、イスラム教の細密な花唐草、女神マタを描いた民衆信仰の素朴な造形、そして不思議な形の草花や鳥獣など。地域や時代によって多様な模様が生まれ、それらは儀式や祭礼、服飾を彩り、生活のさまざまなシーンでもちいられてきました。

これらの模様をあらわすおもな道具には、手描きの繊細な描線をつくり出すカラム（媒染剤や蠟で描く際の特殊なペン）や、硬いチーク材などでつくった木版のスタンプなどがあげられます。

染織工芸が盛んなインドにおいて、それがひとつのピークを迎えたのは17世紀前後、北インドで栄えたムガル王朝（１５２６〜１８５８）の時代と考えられます。たとえば、白地を基調として洗練された美しさを誇る北インドの花卉《かき》模様（14頁）はそれを象徴するものです。対して、濃い色合いに囲まれ、豪華な大輪の花々が満開に咲く立木模様（12・15頁）は力強い表現に満ちており、ほぼ同時代に南インドで勃興したゴルコンダ王国（１５１８〜１６８７）のものとされます。製作地を確定するのは難しいことですが、いずれも異なる表現でインド更紗の魅力を最大限に伝えています。それらはアーチ形の中に花樹を配した大形の布であり、強い生命力にあふれた花咲く樹は何枚も連なって王族の野営テントを飾ったものです。

大航海時代になってインドの更紗が海を渡り、西欧の人々が夢中になった頃、かつてゴルコンダ王国の支配下にあったコロマンデルコーストでは、西欧諸国の影響によって新しい模様が生まれ始めます。王様のテントを飾っていた花樹模様は、いつしかアーチを外されて西欧の好みに合わせた意匠となり、まるで生命の樹のように土坡《どは》に根付いた大樹の枝先には個性豊かな花たちが一斉に咲き乱れました。やがて、インドで生まれた更紗の花は世界中で開花することになるのです。（佐藤留実）

生命の樹

大地に根を張って立ち上がる樹――
花を咲かせ、実を結び、生きものたちを育む。
生命讃歌の象徴である樹は布に描かれ、人びとの身近におかれた。

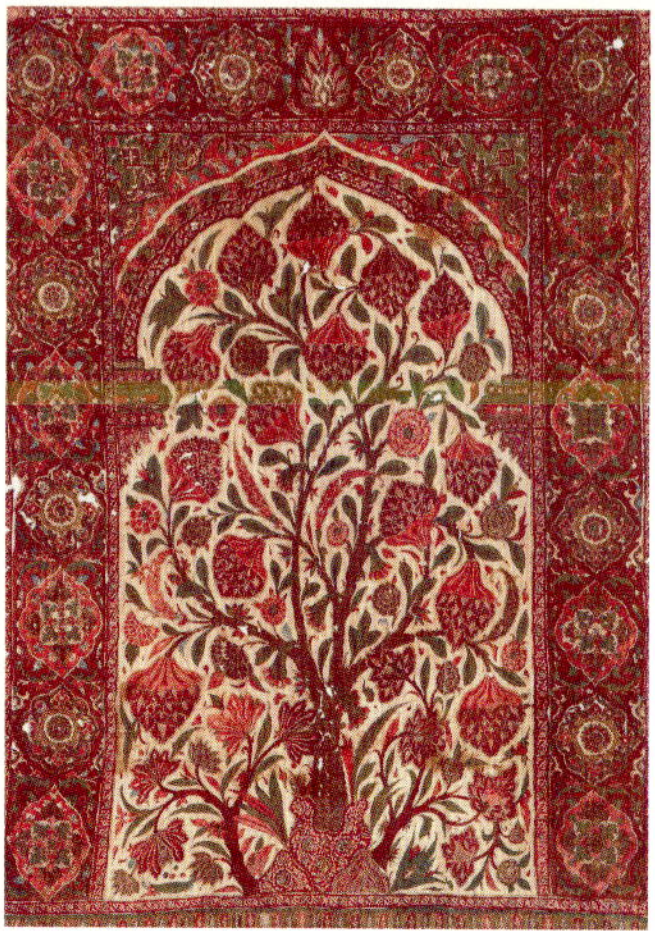

立木模様更紗（部分）　手描きと木版による18世紀の南インド製の掛布。
アーチ形の壁龕《へきがん》模様の中に大輪の花咲く樹を配した布は、
マハラジャ（ムガル帝国各地の藩王や土侯）の宮殿やテントを装飾した。　女子美術大学美術館蔵

17〜18 世紀の花卉模様の手描き更紗 2 点。立木模様に分類されることもある。
右頁は北インド製、左頁は南インド製。
狩猟や戦いの際に使用するマハラジャの巨大な移動用テントの内部は、
生命の樹模様の壁掛けが張りめぐらされ、さながら吊り花壇のようだった。　大阪新美術館建設準備室蔵

生命の樹は、大地から立ち上がった草花から小灌木へ、空想上の不思議な花々が咲き乱れる大樹へと華やかに変貌を遂げていく。イスラム風のアーチ形に花咲く樹々を配した大型の布は、16世紀にインドを統一したムガル王朝の宮廷を彩ったであろう。一方、直立する糸杉模様の生命の樹はイスラム教徒の職人の多いマスリパタムを中心に、おもにペルシャ向けに製作されたとされる。

世界には生命の樹といわれるさまざまな意匠がある。インドの更紗には、イスラム、ヒンドゥー、そしてヨーロッパで好まれた立木模様が生命力豊かに染め出されている。

ペルシャ向けの糸杉模様の壁掛け。19 世紀のマスリパタム製で手描きと木版による。
糸杉を中心に孔雀、鹿を襲う虎、青海波のような聖山、
壺から伸びる花唐草を組み合わせた模様は、繰り返し製作された。

祈りの布

ヒンドゥー教に伝わる神話や教えを図案化した寺院の掛布、
寺院に行けない階層や貧しい人びとがもちいる女神儀礼用の布——
布を介して人びとは神に祈る。

クリシュナ物語図更紗掛布（部分）　クリシュナの信仰を伝える寺院の壁掛け（ピタカ）。
手描きと木版による 18 世紀の北インド製。カタンバの樹が描かれ、
着飾った牛飼いの女（ゴピ）が法具の払子《ほっす》や香炉を持つ。まわりには鳥や牛や魚などあらゆる生きものが集う。
対になる掛布（東京藝術大学大学美術館蔵）も伝わっている。　福岡市美術館蔵

祈りの布であるピチャヴァイやピカタは、ヒンドゥー教の三大神であるビシュヌ神の八番目の化身、クリシュナを信仰する人びとが寺院に捧げる。季節の祭りの際に本尊の後ろに垂れ幕のように掛けたり（ピチャヴァイ）、本尊を取り巻くように掛けたり（ピカタ）する。

一方、寺院に寄進することができない貧しい人びとや移動する民が母なる女神（マタ）に加護を求め、成就したときに捧げる布（マタ・ニ・パチェディ）もある。家の中であれ外であれ、布を掛けた場所が彼らの寺院となる。儀式が終わると外して、くるくると巻いて持ち帰る。

ワグリという荷運びの人びとが使用した儀式用布、マタ・ニ・パチェディ（部分）。
木版に手彩色。山羊に乗り剣を持つ女神を中心に、両親を担いでガンジス川に向かう孝行息子、
バターミルクをつくる人……信仰の布だが、生活の匂いにあふれている。
19~20 世紀のグジャラート州製。㊛（20~22 頁）

牡牛ナンディに乗るシヴァ神と妃パールバティの婚礼の場面。寺院に飾られる儀式用布。
20 世紀中頃、伝統を復活しようとする動きのなかで、
茜と黒の天然染料を使用し、手描きと一部木版によりアーンドラ・プラデシ州カラハスティで製作された。

職人がふだん染めている模様なのか、神も従者もプリミティヴな小紋柄の衣をまとう。(岩)

マハラジャの布

マハラジャは極上の更紗の衣を着用し、
宮殿やテントの内部では天蓋布や床敷き、クッションなどに
さまざまな模様の更紗が使われた。

テントの出入り口用2枚組の掛布（部分。全体は27頁）。赤地は虎、白地は虎を追うマハラジャの木版連続模様。19世紀前半のラージャスターン州製。㊎

王族か富裕層の男性が着用した木版更紗の長着で、上質の木綿布に薄い綿を入れてキルティング加工されている。白地の極上更紗は裕福な層やヨーロッパ輸出用だった。19世紀末～20世紀初めのジャイプル製。㊎（26頁）

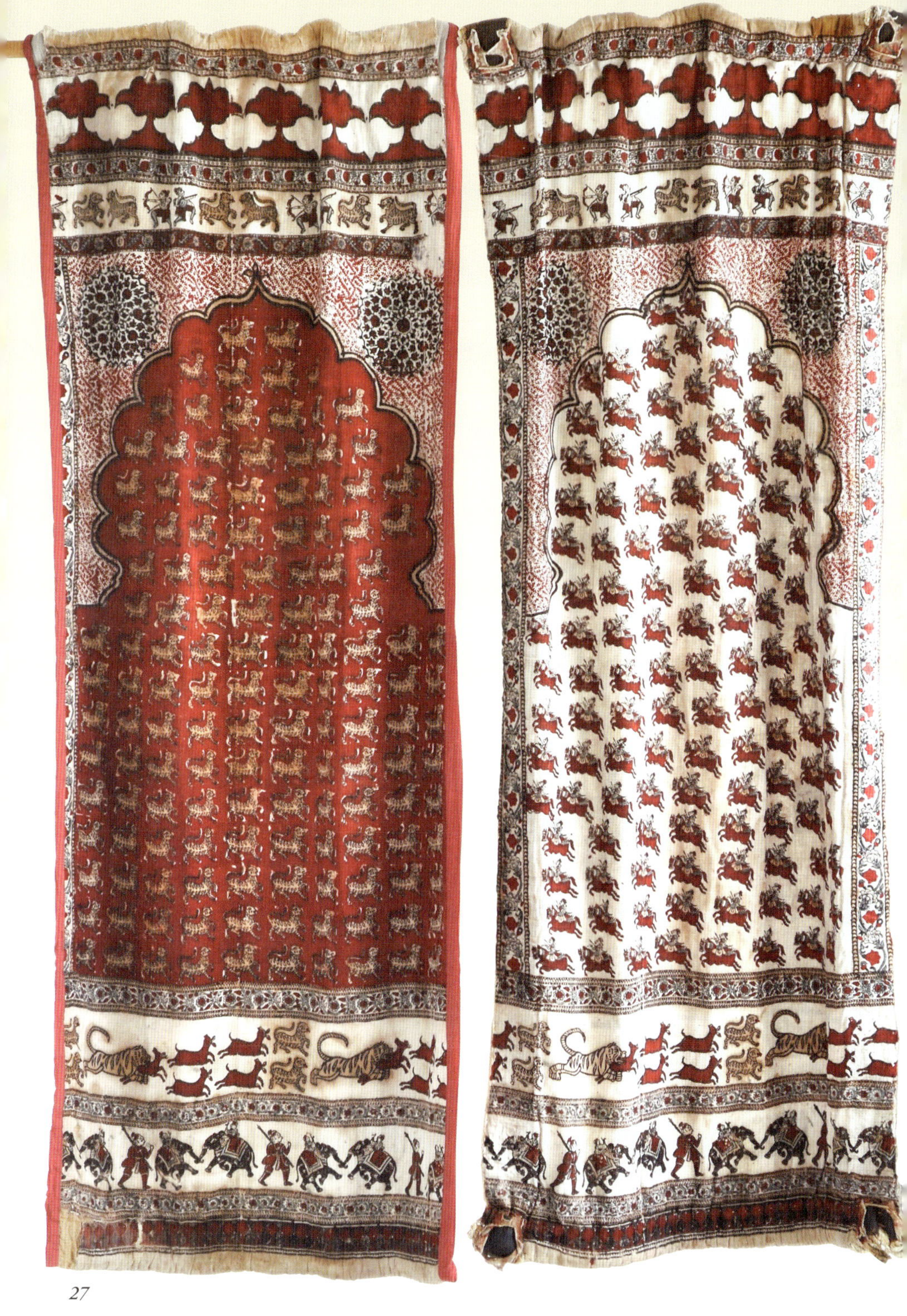

大地の民の布

粗織りの木綿に硬いチーク材などの木型で模様をつけた木版の布は、
おもに一般庶民の衣服や被り布とされた。
日本には江戸時代に渡来し、いつからか鬼更紗と呼ばれた。

18 世紀末の木版更紗 2 点。蔓草《つるくさ》の立涌《たてわく》と花の模様は、花の形や地色を変えてさまざまにデザインされた。こうした模様の古裂《こぎれ》は日本に渡来し、現在でも帯や表装に多用されている。ⓜ

木版更紗はエジプトのフスタート遺跡から発見されるなど古くからつくられていたが、写真の木版更紗は19～20世紀にインド北西部のラージャスターン州サンガネール、ジャイプル、バグルーなどでおもに製作されたものだ。色彩、模様、素材は着る人の階層や職業によって異なり、庶民のものが中心だが、白地は裕福な層やヨーロッパ向けだった。布地を白く晒すために牛糞を入れた水で洗って乾かす作業を長期間繰り返すなど独特の工程を踏んだため、たいへん手間がかかり高価だったからだ。

現在でも各産地独自の模様の更紗が一部の地域でつくられている。

オダニと呼ばれる19～20世紀中頃の被り布4点。
右から、小花模様の鬼更紗（ジャイプル製）、真ん中で赤と黒に染め分けた上手《じょうて》の更紗（ジャイプル周辺製）、
天然藍で染めた水色地に小花の集合模様（サンガネール製）、
下に、藍に鬱金《うこん》を重ねた深い緑色に特色のある布（ラージャスターン州製）。(岩)（右頁）

さまざまな更紗小裂。19世紀の木版と手描きで、黄色地やピンク地は白地よりさらに珍重された。(岩)（左頁）

◉更紗こぼれ話

砂漠のスカート

インド北西部の砂漠地帯は木版更紗のふるさと。女性たちが着用するガーガラというスカートは、たっぷりとギャザーをとり、裾回しに赤いバイヤス布を貼る。その重みで歩くたびに振り子のようにスカートが揺れて赤い布がのぞき、灼熱の太陽

に映える。上着はチョリという丈の短いブラウス、頭には布を掛けて砂漠の強い陽射しや砂埃から身を護る。

スカートの柄は集団やカーストごとに決まっていて、一目で社会的属性がわかる。右のプリーツスカート（岩）の柄は小さな円の中に七つの点のあるチャッカルという模様で、ビシュヌ神を信仰するヒンドゥー教徒、ビシュノイが身につける。

左のギャザースカート（岩）はバルカ模様。バルカとは灯明のことで、ほかに唐辛子や穀類、魔除けのクローブの実、刃物など身近にあって身を護ってくれるものが模様とされた。布は家族の無事や健康を祈るものでもあった。

プリーツスカートは濡らして丹念に畳んで襞を寄せ、糸を通して固定するが、洗うととれるので洗濯のたびに同じ作業を繰り返す。手のかかるプリーツも、たっぷりギャザーも、実は普段着。仕事着でもあり寝間着でもあった。

植物染料で染めた床敷きは
19〜20世紀初めのサンガネール製。㊂

海を渡ったインド更紗

日本古渡りのインド金更紗。
上質の木綿布に描かれた唐花模様を、繊細な金線が縁取る。
「渋谷玉恵コレクション更紗手鑑1・2」より
五島美術館蔵（撮影：大西成明） 協力：五島美術館

大航海時代の16世紀から17世紀、インド、東南アジアで覇権を争ったのはポルトガル、スペイン、イギリス、オランダです。オランダは東インド会社を設立して1619年ジャワ島のバタビアに拠点を置き、東インドや東南アジアでの独占貿易において優位に立ちました。そして西洋船は黄金の国ジパングへ。彼らの日本との交易の魅力は銀や銅。当時わが国の銀の産出量は世界第二位とされています。これらはおもに中国産の上質な生糸や絹織物と取引されましたが、西欧の毛織物やインドの木綿製品も含まれ、そのなかにインド更紗があったのです。

鮮やかな模様が染められた更紗は、日本はもちろんのこと世界各地で人気を呼び、オランダ東インド会社は交易先となった各国の好みをマーケティングし、インドのコロマンデルコーストで日本向け、インドネシア向け、西欧向けなどの模様をつくり出しました。

インドネシア向けのデザインは、伝統的な木綿絣のグリンシン模様やインドの絹パトラ風、鋸歯文、パッチワーク模様など。タイ向けは、仏像を文様化した一群や火炎形のクルアイチューン(供物)、小花文様など。西欧向けのデザインには、白地に優雅な草花、花束、リボン、花々が咲き乱れる力強い生命の樹などがあります。一方、わが国に渡ってきた更紗にはいかにも日本的なデザインがカラフルにアレンジされており、のちに日本向けの意匠には、扇手、紋尽くし手、五徳手など、模様によって「……手」と愛称がつけられました。

江戸時代の屛風絵には舶来初期の更紗を小袖や陣羽織に仕立てて着ていた様子が描かれています。当時は布自体の価値が高く、珍しい異国の布であればわずかに残った切れ端までも特別に大事にされました。その代表的な例が彦根藩主井伊家に伝来した「彦根更紗」(東京国立博物館蔵)でしょう。日本では18世紀初期までに渡来した更紗を「古渡り」と呼び、安永7年(1778)から天明5年(1785)にかけて、それらの模様を紹介した『佐羅紗便覧』などが出版されています。興味深いことに、そこには日本好みの模様のほか、インド、インドネシア、ヨーロッパ向けのデザインがみられ、各国が好んだ模様まで一堂に輸入されていたことを伝えています。

世界各地に残された更紗はインド更紗が広がっていった様子を我々に語り、16・17世紀の古様な更紗を含む日本の古渡り更紗は、大航海時代の西洋船がもたらした最初の一群を我々に示しているのです。

(佐藤留実)

日本古渡り

古渡り更紗とは18世紀初頭までに船載されたインド更紗のこと。
おもにポルトガル、イギリス、オランダの船がもたらしたもので、
日本人好みにデザインされた模様もあった。

薄手で滑らかな地に精緻な唐花模様。江戸時代、尾張徳川家に同じ絵柄のものが伝来し、
その畳紙《たとうし》（包み紙）に「壱番更紗」と書付のある上質の更紗。五島美術館蔵「更紗手鑑」より（40~45 頁）

○丸紋と鋸歯が連なる模様はインドネシア向けの意匠。17世紀の「誰が袖図屏風」（MOA美術館蔵）に描かれた更紗の小袖にもみられる。（上）

○日本向けの扇手。団扇《うちわ》と軍配を取り合わせたデザインもある。（下）

○日本向けの五徳手。茜地、藍地など色違いがある。（左頁下）

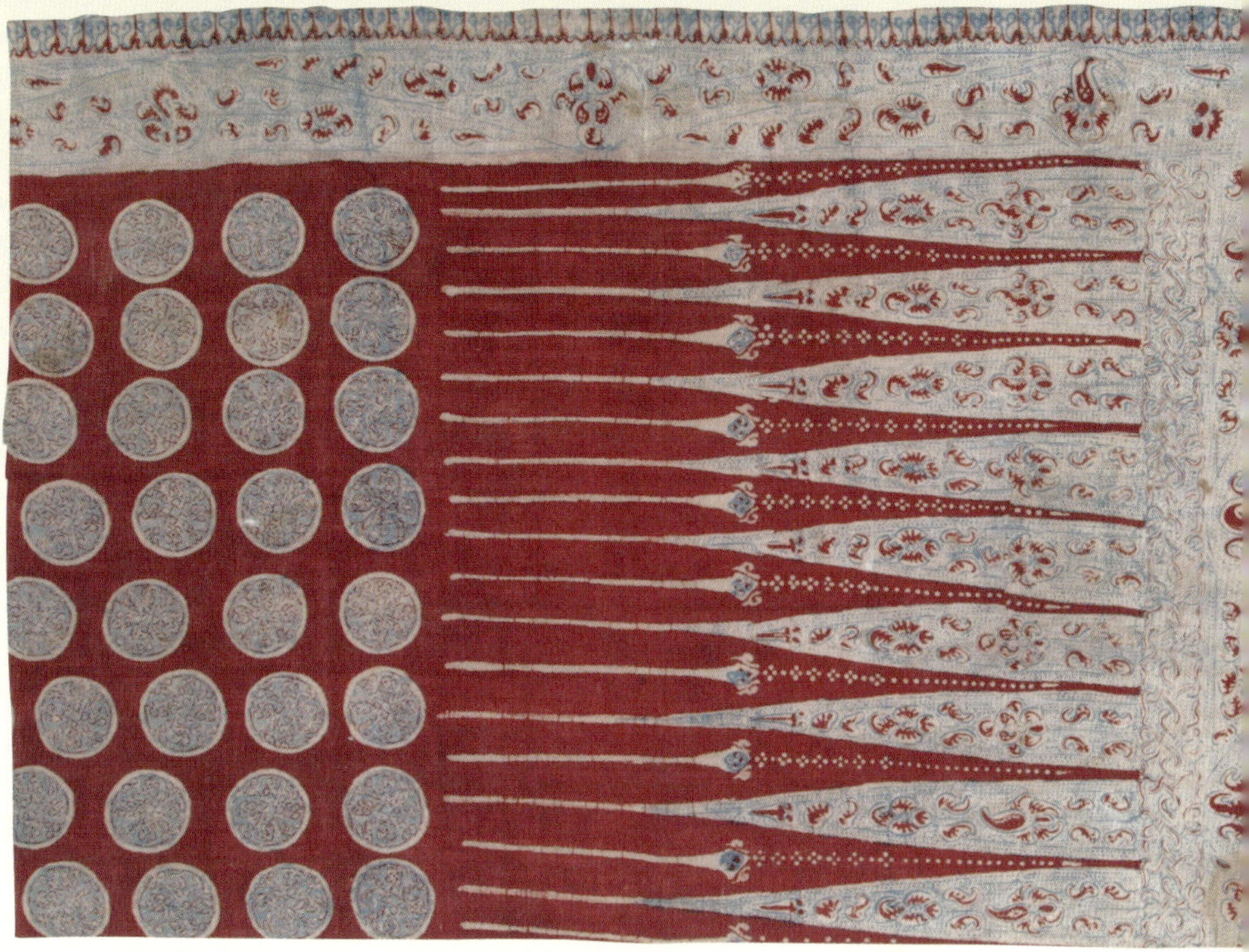

2帖からなる「更紗手鑑」の一部。
上段は茶器を包む仕覆の解袋《ときぶくろ》。右は山水手、左は菊ザラサ、ゴマ手。
下段は亀甲手、紋尽くし手、五徳手など。

日本に渡ってきた更紗は、小袖や間着《あいぎ》などのきものから、茶の袋物や煙草入れなどの小物まで、さまざまな形に仕立てられた。異国の布は裁ち余り裂《ぎれ》も大切にされ、台紙に貼って手鑑として慈しまれた。その代表的な例が彦根藩井伊家に伝来した「彦根更紗」であろう。そして、いまなお更紗の古裂は人びとの心をとらえ、収集家は跡を絶たない。

掲載した「更紗手鑑」は、渋谷玉恵氏が長年にわたってコレクションした集大成であり、現在、五島美術館に収蔵されている。第一帖は古渡り更紗を中心とし、第二帖はシャム手、鬼手が貼付されている。

●更紗こぼれ話

江戸のお大尽

江戸時代、はるばる海を渡ってきた鮮やかな模様染めの布は人びとを魅了し虜《とりこ》にした。異国情緒あふれる更紗は、武将の陣羽織や小袖などに仕立てられ、大いにもてはやされた。やがて町人文化が花開き、幕府からは分限を超えた贅沢を禁止する倹約令が常時発せられるようになる。だが、江戸の趣味人たちはおとなしく従ったりはしない。着物の表着ではなく下着や着物裏など人目につかないところに更紗をつかったのだ。

左頁の「白地立木模様下着」（松坂屋コレクション）は、17〜18世紀のインド製のヨーロッパ向けパランポア（ベッドカバー）を使用している。このような立木模様は17世紀末頃から登場したデザインとされる。ヨーロッパ、中国、ペルシャ、そしてインドの模様が融和した「花咲く木」の構図は、特にヨーロッパで好まれたものだ。

実は表着、間着《あいぎ》、下着の3点セットになっており、これらをまとっていたのはなんと男性。回船問屋の主人だった。間着も同じく、同時代のインド製の白地に草花模様の更紗。地味な縞の表着の下に華やかなインド更紗の着物を2枚も重ねたお大尽、そんなに洒落て一体どこへ行ったのやら。

シャム渡り

仏教国シャム（タイ）。
アユタヤ時代（14～18世紀）のシャム王国は仏像や供物など、
自国の伝統的な模様をインドに注文し輸入してきた。

中央に幾何学模様の入った手描きインド金更紗。
先端が尖ったキャンドルスタイルの模様が縁部分に二段三段に連なる。
18世紀末頃のもので金が全面に施され、寺院や王宮向けに輸入されたと考えられる。㋠

菩薩模様の手描きインド更紗２点。いかにも仏教国らしい意匠で、日本では仏手《ほとけで》と呼ばれる。
シャム渡りのインド更紗は江戸時代の日本にも伝来し、シャムロ染めと称された。
「渋谷玉恵コレクション更紗手鑑１・２」より　五島美術館蔵（撮影：大西成明）

インドネシア渡り

インドネシアでは、渡来の更紗は王家や貴族の家で
先祖伝来の家宝として大切に扱われ、儀礼用にもちいられた。
スラウェシ島トラジャには14世紀に遡る古いインド更紗が伝わる。

鋸歯模様の手描きインド金更紗。
18 世紀コロマンデルコースト製のインド更紗にスマトラ島のパレンバンで金を施したもので、
鋸歯模様の更紗はおもにインドネシアに輸出された。㋻

ヨーロッパ渡り

ヨーロッパの国々では白地のインド更紗が好まれた。
空想上の大輪の花々や東洋趣味漂う模様が
色鮮やかにデザインされ、各国にもたらされた。

1770年頃の手描きのパランポア（ベッドカバーなどの室内装飾用布）。
白地、豊穣を意味するコルヌコピア（角状型容器）、渦を巻く竹など、
生命の樹模様はヨーロッパ好みの華やかなものに変貌していった。
このパランポアは2頁掲載の布とともにイギリスの城の一室を飾っていたとされる。㋠

ジャワ更紗

インドネシアの更紗工房「ビンハウス」
オーナーによって30年以上にわたり収集された
古くから伝わるジャワ更紗（バティック）。㋪
Courtesy of BIN house

インド更紗に比肩するほど人気を博しているのがインドネシアの更紗、バティックです。日本では「ジャワ更紗」の名で親しまれてきました。バティックとは蠟纈《ろうけつ》染めのこと。その特徴を一言でいえば、蠟防染を駆使して独特のデザインを染めた木綿布といったところでしょうか。特に繊細な両面染めの技術は、表裏の見分けがつかないほど素晴らしいものです。

ジャワ更紗は、おもにジャワ島中部の古都ジョクジャカルタやスラカルタ（ソロ）の宮廷を中心に発達し広がったと考えられています。本来は王族や貴族の女性たちによってつくり出されたとされ、伝統装束カイン・パンジャン（腰に巻く布）などにもちいられてきました。模様は多種ありますが、代表的なものは王族専用のS字形が連続する「パラン」、幾何学的な装飾模様を繰り返す「チェプロック」などが知られています。このような格式高い古典模様は、藍染めの青やソガ染めの茶色などの天然染料で落ち着いた独特の色合いに染められました。

一方、大陸寄りのジャワの北岸地域では、西欧人が寄港する以前から中国商人たちが移住し交易にかかわっていました。19世紀には北沿岸地域の貿易港を中心に華人やオランダ人などにより更紗の生産と輸出が始まり、やがて合成染料も取り入れた色鮮やかで自由なデザインが発達します。

たとえば、チルボンでは中国文化の影響を受けたメガ（雲）模様が生まれ、プカロンガンでは中国、ヨーロッパ、インド、ジャワなどさまざまな国の文化が融合した模様が染められました。特に1890年にヨーロッパ系インドネシア人のエリザ・ファン・ツアイレンが設立した工房で製作された西洋式の花束模様は、高級ブランドとして一世を風靡しています。また、華人の工房では高価な絹に古典柄を染めて評判を呼び、さらにカイン・カンパニー（オランダ東インド会社の布）と呼ばれた西欧の事物やオランダの軍隊を意匠化したものも流行しました。そのほかスマトラ島やマレイ半島の更紗も知られています。

ジャワ更紗の繊細な模様を手描きする道具が「チャンチン」です。細長い筒先には蠟を入れる小さな銅製のカップがつき、ペン先のような細い注ぎ口で模様を描いていきます。これは伝統的には女性が扱うものであり、模様によってさまざまなチャンチンを使い分けます。やがて19世紀後半には、「チャップ」といわれる銅製の型（スタンプ）も導入され、量産が進みました。

以後、ジャワ更紗は周辺諸国やヨーロッパへ輸出され、独創的なデザインが一気に注目されるようになったのです。

（佐藤留実）

王族が愛した布

ジャワ島中部のジョクジャカルタやスラカルタ（ソロ）では王宮を中心に藍染めと茶褐色系のソガ染めによる伝統的な布、カイン（布）・ソガンが生まれた。

宮廷由来の伝統模様のカイン・パンジャン（腰巻）　右から、霧雨をあらわすウダン・リリス模様（スラカルタ製）、
「砕けた鉈《なた》」という意味のパラン・ルサック模様（ジョクジャカルタ製）、
花嫁花婿の両親が着用するシド・ウィラサット模様（スラカルタ製）、
蔓草の新芽をモチーフにしたスメン模様に、尾翼のあるガルーダと王冠、須弥山など、
ヒンドゥー教の宇宙観をあらわすグルド模様を配したスメン・グルド模様（ジョクジャカルタ製）。㊡

ジョクジャカルタ　ジャワ島中部のジョクジャカルタには現在でもふたつの王家と王宮が残り、伝統文化を継承している。この布は伝統模様のガルーダをモチーフにし、さらに発展させたもので、50 ～ 60 年前につくられたと考えられる。すべて天然染料で染められている。㊡

ジョクジャカルタ　尾翼のあるガルーダに草花模様を組み合わせている。伝統模様を発展させた柄。50 ～ 60 年前のものと考えられる。㊡

◉更紗こぼれ話

伝説の鳥ガルーダ

ガルーダはインド神話に登場する不死鳥。炎のように光り輝き、熱を発するという。ビシュヌ神の乗り物で尾翼のあるガルーダは王だけに許された模様だ。尾翼のあるガルーダにさらに王冠を配すると（62頁左）、最高権力を象徴する模様となる。

ジョクジャカルタやスラカルタの王宮では、儀式の際、王族や貴族は身分をあらわす模様の入った伝統衣装を身につけた。ガルーダ以外の伝統の柄にも王族や貴族のみに許された禁制模様がある。S字形の連続模様パラン、七宝柄風のカウン、霧雨をあらわした細い斜め柄のウダン・リリスなどである。代表的なパラン・ルサック模様にはヴァリエーションが多く、柄の大きさやほかの模様との組み合わせによって名称が変わり、身分に応じた着用の決まりがある。その中でもっとも大きなパラン模様はパラン・バロン（偉大なるパラン）と呼ばれ、王のみが着用できる。禁制模様として着用が制限された模様も、インドネシア独立後に身分制がなくなってからは誰でも自由に着用することができる。

パランと尾翼のあるガルーダを組み合わせた、左頁のガルーダ・クルン模様は1997年のジョクジャカルタ製で、王の親族が王のために手づくりしたものである。㊮

ガルーダは独立後、共和国の紋章としてもちいられ、国を守る霊鳥とされる。

地方色豊かな布

ジャワ島北岸の港町では、カイン・プシシール（海辺）と呼ばれる異文化の影響を色濃く受けた華やかでデザイン性の強い布がつくられた。その中には地域の日常生活に密着した模様も生まれている。

チルボン　ジャワ島北岸の港町チルボンのカイン・サルン（筒状の腰衣）。
伝統的な赤と青を基調とし、楕円の中の鹿模様が珍しい。
向かい合った鋸歯模様を前中央に配して服装のポイントにする。㊇

チルボン　鳥、龍、象が合体した架空の動物ペクシ・ナガ・リマンは、
イスラム、ヒンドゥー、中国の文化を統合したチルボンのカノマン王家を象徴する馬車として描かれる。㊥

ジャンビ　スマトラ島東南部の町ジャンビは、古来、東西交易の中継港として栄え、
インドの染織品やジャワ島北岸の更紗が集まったところ。
鳥模様のこの布は、ジャンビに特有な濃紺と濃赤色を基調としている。㊫

マドゥラ島　遠洋漁業の島マドゥラでは、漁に出た夫の無事を祈る女たちが各家庭で更紗をつくった。

70頁はタセ・マラヤ（マレー海）と呼ばれる波の地模様と鳳凰の模様で、婚礼の衣装に使われる。

71頁もタセ・マラヤにマドゥラ独特のブーメランのような武器と花の模様。㊮

インドラマユ　ジャワ島北岸の港町インドラマユでも各家庭で更紗がつくられ、
魚、海草、船など海に関係の深いモチーフが好まれた。
魚やエビ、カニ模様にチョチョハンという地模様の点描を配す。
点描は、ロウ伏せを終えた地の部分に針で穴を開け、染料を染み込ませる、
インドラマユやチルボンに特徴的な技法である。㊢

ラスム　ジャワ島北岸のラスムでは、中国人の工房を中心に個性的な更紗が製作された。
茜に蘇芳などを混色したと思われる濃厚な赤色の染めの技法は、門外不出の秘伝とされた。㊢（左頁）

プカロンガン　ジャワ島北岸の港町プカロンガンの、
藍１色で染められたカイン・ビロン（青い布）と呼ばれる更紗。
左頁は聖なる生命を象徴する花樹のまわりに鳥や花が伸びやかに描かれたもの。
プカロンガンは北岸様式の中心地で、オランダ系や中国系の工房が活発に製作した。㊕

ヨーロッパ更紗

19 世紀後半にヨーロッパで
ジャポニスムが流行。
その影響を受けた鶴模様の珍しい更紗。ⓜ

オランダのアムステルダム国立美術館（ライクスミュージアム）にはヤン・ステーン（1626～79）のギリシャ神話を題材にした絵画「イピゲネイアの犠牲」が収蔵されています。画中の下方には赤地に白い花模様の更紗が脱ぎ捨てられたように描かれており、17世紀の更紗の流行を伝えるものとして注目されます。

それまで毛織物や麻の織物が主流だった西欧。16世紀から17世紀にもたらされた上質で心地よい木綿製品は、エキゾチックなデザインとともにまず上流社会で大流行し、次第に一般庶民へと広がっていきました。このような当時の熱望から生まれたのがインド更紗を模造したことから始まるヨーロッパ更紗です。木綿に媒染染めする技術はインドの専売特許のようなものでしたが、17世紀末までにはイギリス、オランダ、フランスなどが技術を得て製作を始めています。西欧では手描きのインド更紗はたいへん人気がありましたが、すでに印刷技術が進んでいたこともあり、手描きより木版や銅版捺染《なっせん》の技術が発達したと考えられます。

初期の木版は青、赤などの単色であり、色版を重ねることで多色染めも可能となりました。デザインは、インドの小花模様の模倣から始まったと考えられますが、ほどなく西洋式の模様が主流になります。

やがて18世紀中頃から銅版を使って繊細でより写実的な表現が可能になると、インド更紗に代わってヨーロッパ独自の模様が服飾や室内装飾を彩るようになりました。

興味深いのは、更紗需要に圧迫された既存の染織産業を守るために、フランスでは1686年に更紗の輸入・製造を、イギリスでは1700年にインド更紗の輸入を禁止するのですが、その副産物として羊毛と木綿、絹と木綿といった交織織物が生産され、そこにも更紗模様が染められていたことです。やがて、1783年にトマス・ベルが発明したローラー捺染機は高速で鮮明な多色染めを可能にして大規模な機械産業に移行したイギリスを中心に、19世紀には大量のヨーロッパ更紗が世界へ輸出されるようになりました。

さらに1856年にはW・H・パーキンによってはじめて合成染料が開発され、以後ヨーロッパ更紗はビビッドな色彩に彩られていき、インド風のペイズリーや小花模様が盛んにつくられました。それらはいわゆる「プリント」と総称されるもの。ヨーロッパ更紗、ひいてはインド更紗は、プリント産業の源であるといっても過言ではないでしょう。

（佐藤留実）

初期の木版更紗

ヨーロッパの更紗は17世紀にインド更紗の模倣から始まった。やがて版画の技術を応用した木版による独特の更紗模様が、イギリス、オランダ、フランスなどで生み出された。

「小さな酒飲み」と名づけられた木版更紗は、フランスのジュイ工房による1770年製。インド更紗の影響を抜け出し、奥行きのある構図と、版画や文学などに題材をとった新しい模様を実現している。㊎

象を背負った男の茜染め模様は18世紀末のフランス製。㊠（82頁）
藍染めの花模様も18世紀末のフランス製。㊎（83頁）

銅版からローラープリントへ

18世紀中頃、木版から銅版へ。写実的な花柄や神話、文学、歴史の一場面などヨーロッパ独自の模様が完成した。やがて大量生産が可能となるローラープリントの時代が到来する。

1820年製のイタリア銅版更紗。揺りかごに眠るこどもと犬と紳士、物語の一場面のような情景。
銅版によって細かい図柄が可能となり、茶色１色で微妙な陰影を表現している。㊔

○イギリスのペイズリー模様。インドのカシュミール織を写した染め模様で、ペイズリーは、インドで「ブータ」と呼ばれる花束模様や生命の樹の糸杉の先端が、渦を巻く形に変化したものといわれる。ローラープリント㋠（上）

○19世紀初めのイギリス銅版更紗。インド更紗のモチーフのひとつ、孔雀が写実的に描かれている。㊚（下）

○シノワズリ（中国趣味）とジャポニスムが混ざり合った東洋趣味の模様。さまざまな国の影響がみられるのがヨーロッパ更紗の特徴である。ローラープリント㋠（左頁）

バラと鳥を持った手。手の模様はビクトリア朝時代のイギリスで流行したが、この布の産地は不明。
カシュミールショールの織り柄を模した模様、マニキュアをつけた爪など、細部も凝っている。ローラープリント ㊠

ペルシャ・カジャール朝の「太陽とライオン」の紋章にロシア風宮殿をあしらった模様。
ペルシャへの輸出品として 19 世紀後期にロシアでつくられた。ローラープリント ㋠

●更紗こぼれ話

禁を犯したポンパドゥール夫人

17世紀フランスでは、トワルパント(描かれた布)と呼ばれたインド更紗が熱狂的に流行。衣服や室内装飾に取り入れられ、ブルジョワ階級の男性のあいだでは、午前中はアンディエンヌ(インド更紗)の室内着を着て貴族のようにくつろぐのがステータスだったとか。フランスの絹産業や毛織物産業は大打撃を受け、ルイ14世は1686年インド更紗の輸入を禁止、国内での模倣更紗の製作と販売も禁じた。その後も何度も禁令が出る。続いて1700年、イギリスでもインド更紗の輸入が禁止された。

しかし、ルイ15世の公式愛妾ポンパドゥール侯爵夫人(1721~64)が禁を破ってトワルパントの衣装に身を包み、別荘のすべての家具にトワルパントを使用していると自慢する事態に。才色兼備のポンパドゥール夫人はサロンを開いてヴォルテールやディドロなどの啓蒙思想家と交流したり、ルイ15世に代わって政治に口を挟んだり、フランス宮廷を牛耳る存在。ファッションリーダーでもあり、貴族の女性たちはこぞってポンパドゥール夫人の真似をしたというからたまらない。

ついに政府も屈服。禁令が解かれるや1760年、ドイツ人のクリストフ・P・オーベルカンフがパリ南西部のジュイ・アン・ジョサスに捺染工房をつくり、トワル・ド・ジュイ(ジュイの綿布)の時代が始まった。ジュイの工房にはマリー・アントワネットやナポレオン皇妃ジョゼフィーヌなども訪れたという。

18世紀末、ジュイ工房で製作された木版更紗の花柄ドレス。
トワル・ド・ジュイ博物館蔵
Courtesy of Musée de la Toile de Jouy

Musée de la Toile de Jouy
Château de l'Eglantine
54,rue Charles de Gaulle 78350
Jouy-en-Josas France
Tel +33(1)39-56-48-64
www.museedelatoiledejouy.fr

銅版更紗３点。キルティング加工された銅版更紗はカーテンやベッドカバーとして好まれた。上から、1840 年のフランス・ミュールーズ製、1815 年のフランス・ナント製、19 世紀初期の花卉模様。㊌

フランスの絹地木版染めカーテン。インド更紗以前、ヨーロッパではカーテンや衣服などの装飾模様は、刺繍と織りが中心だったが、更紗の影響で現代に繋がるプリント模様が生まれ、素材も多様化された。㋠（左頁）

日本に渡来したヨーロッパ更紗

江戸時代後期、ヨーロッパから輸入された更紗は、流行に敏感な人びとの心を躍らせ、競い合うように袋物や着物の裏地に仕立てられた。

江戸時代につくられたと思われる巾着袋と紙入れ。㊮

陣羽織は江戸時代末期のもの。裏地はヨーロッパ更紗で、
日本向けにデザインされた柄とされるが、どこか中国風の香りも漂う。㊮（左頁）

ペルシャと中央アジアの更紗

19 世紀中頃のペルシャ更紗のテーブルクロス。
19 世紀以降、ペルシャ（イラン）では
アラビア文字の模様などイスラム風の木版更紗が多くつくられた。㋠

13世紀に著されたマルコ・ポーロの『東方見聞録』には、ペルシャ諸都市の住民には貿易や手工業を生業とする商人・職人が多く、各種の絹布・金糸織が多量に製造され、木綿の栽培も盛んであると記されています。つまりペルシャでは木綿は珍しいものではなかったということがわかります。

インド更紗にはイスラム教国のペルシャ向けに輸出した模様があります。それらはおもにコロマンデルコーストのマスリパタムで製作され、アーチに糸杉形の立木模様や中央にメダイオン（円形装飾文）を配した花唐草模様、そしてペイズリー模様などで構成された意匠が知られています。これらはかつてマスリパタムが、ペルシャと同じイスラム教国であったゴルコンダ王国の支配下にあった17世紀頃に発達したものと考えられます。木綿を産するペルシャでも更紗はつくられていましたが、王侯貴族らにもてはやされたのは、マスリパタム産の上質で繊細な手描き更紗だったのです。

さらに、『東方見聞録』に戻れば、ペルシャだけでなく、中央アジアのカシュガルやヤルカンドでも木綿を豊富に産していると記録しています。いずれもシルクロードの要衝として栄えたオアシス都市です。人類学者加藤九祚《きゅうぞう》氏の研究によれば、11世紀にマフムードが著した

『チュルク語辞典』などから、中央アジアの綿織物は布目の詰んだ平織がもっとも一般的であり、さまざまな色彩のプリント模様が施されることがあること、それらは16世紀のサマルカンドでも生産されていたとしています。サマルカンドは中央アジア最古の都市であり、現在のウズベキスタンの東部にあたります。

ウズベキスタンには華麗な花模様の刺繍スザニがあり、その生地にも丈夫な木綿が使われ、綿花は現在でもウズベキスタンの主要な産物となっています。また、同国のタシケントにある工芸博物館やウズベキスタン美術館には、19世紀から20世紀に製作された木綿のブロックプリント（木版布）が収蔵されています。それらはインド更紗のように草花模様やペイズリー風の模様が木版で施された、中央アジアの更紗なのです。その一方、同地に伝わる19世紀頃の伝統的な絣のコートには、裏地を同時代のヨーロッパ更紗で誂えている例を多く見かけます。おそらく舶来更紗は当時の最新のお洒落だったのでしょう。

中央アジアの更紗がいつ頃から製作されたのか、どのような経路で伝わったのか定かではありませんが、シルクロードの中継都市という土地柄から、交易品とともに職人の往来や技術の伝播があっても不思議ではありません。

（佐藤留実）

ペルシャの女性用上衣。表がペルシャ更紗で、裏がヨーロッパ更紗。
表地の縞模様はペルシャで人気があった柄で、
前頁のペイズリー模様の更紗の中にも山形となってあらわれている。㋠

ペイズリー模様のペルシャ木版更紗。ハマーム（浴場）で湯上がりに羽織るための布で、
ハマームは一種の社交場だった。布端にアラビア文字により 1863 年製と明記されている。
インドでも同様のペイズリー模様のものが製作されていた。㋠（100・101 頁）

ウズベキスタンのこたつ掛け。
寒さの厳しいフェルガナ盆地では日本のこたつに似た暖房具が使われた。
壁掛け用としても使用された大判の木版更紗。㊞

19 世紀後半のウズベキスタン・タジック製の女性用コート。表は藍地に経絣《たてがすり》、
裏地にウズベキスタン製の木版更紗を使用し、キルティング加工している。
藍染めは未亡人が着用したといわれる。㊓

◉更紗こぼれ話

ペルシャ絨毯の秘密

ペルシャ絨毯といえば、紀元前のアケメネス朝に遡るほど古い歴史をもつ、ペルシャを代表する美術工芸品だ。このペルシャ絨毯の模様とインド更紗の模様が共通する例は多い。47頁の「白地立木模様下着」の周囲に描かれたイスラム風の花模様は絨毯の柄にもみられるものだ。

このような現象がおきたのは、16世紀に興ったインドのムガル朝がペルシャと同じくイスラム教を信奉し、芸術文化の先進地であったサファヴィー朝ペルシャから芸術家たちを招聘《しょうへい》したためだ。ペルシャの王宮工房のデザインがムガル朝の王宮工房に伝わり、やがて一般にも波及していったのだ。

写真の更紗（岩）は19世紀のもので、中央のメダイオン、メダイオンの4分の1をかたどったコーナー飾り、複数のボーダー、といったペルシャ絨毯に特徴的なデザイン構成をもつが、おそらくはインド製の更紗で、ペルシャに渡ってキルティング加工され、縁飾りのフリンジをつけられたと思われる。フリンジはペルシャで好まれた飾りで、布の大きさからして座布団代わりの敷物として客用に供されたのではないだろうか。

メダイオンの周囲はペイズリー柄のもとである「ブータ」と呼ばれる小さな花束模様で埋め尽くされている。ペイズリーもメダイオンも19世紀につくられたペルシャ絨毯に多くみられる模様だが、時代の嗜好を反映して、絨毯にも更紗にも共通の模様が多用されたのだろう。

和更紗

江戸時代後期から量産された和更紗。
上から、藍地唐花模様、
霞地変わり草花模様、白地丸紋模様。㊔

江戸時代、更紗への憧れから異国風の模様を染めた「和更紗」が誕生しました。その要因のひとつには、日本でも木綿栽培が各地で始まり、17世紀から18世紀にかけて木綿衣料が爆発的に普及していったことがあげられます。

和更紗の模様は、まず古渡りの更紗の図柄を模倣することから始まったと考えられます。やがて、さまざまな異国風のイメージが歩き出し、インド風の唐草、異人模様、貿易港の風景などが登場し、和様に異国情緒を取り入れた不思議な世界が展開します。

技法の特徴は一般に型紙で模様を染めることです。多色染めは色ごとに型紙を分けて刷毛で直接染料を摺りつけ、版を重ねて捺染します。ただし、インド更紗に比べて日本製は堅牢性に乏しく、洗えばすぐ色落ちしてしまうという欠点がありました。また、木綿地に藍を染める技術は発達しましたが、鮮烈な赤を染めることは叶いませんでした。

和更紗は日本各地で生産されたと考えられ、長崎更紗、京更紗、堺更紗などの名称が知られていますが、実証できる資料が乏しいこともあり、実物と実際の産地を特定することはなかなか難しいものです。たとえば、堺更紗と称されてきた唐花模様のものが、一方では京更紗とされる例もあります。また、型紙をもちいて製作する和更紗の図柄は、言ってみれば型紙さえあれば余所でも染められるので、その流動性も考えねばならないでしょう。

ただし鍋島藩が参勤交代の際に将軍や幕閣への贈答品としてもちいた「鍋島更紗」だけは、産地も生産者も確定できる稀有な例です。「鍋島更紗」は、「鍋島更紗秘伝書」（佐賀県立博物館蔵）によれば、慶長年間に朝鮮から帰陣した鍋島直茂と一緒に渡来した高麗人、九山道清を祖としています。その後、道清は小川藤左エ門の娘と結婚し、その子息は小川姓となって更紗製作を受け継ぎ、そこから江口家へ、そして江頭家へと伝わり、残念ながら江頭吉達（佐八１８４４～１９１４）の代で途絶えてしまいます。つまり一家相伝の秘法で製作していたということです。

現在わずかに残っている「鍋島更紗」は、型紙と木版を併用した多色摺りのものです。模様は「古渡り更紗」を紹介した『佐羅紗便覧』の図柄や、独特の草花模様、あるいは一幅の絵のように花器に花を生けたものなどもあります。表現は精緻で色彩も鮮やか、赤い色さえも綺麗です。その生地は鍋島藩内で栽培された日本産の木綿であったという指摘があります。

（佐藤留実）

日本各地で生まれた更紗

舶来の新奇なデザインに触発され、各地で生まれた更紗には長崎更紗、堺更紗、京更紗などの名称がつけられているが、鍋島更紗以外の産地の特定は難しい。

江戸時代から明治時代にかけての和更紗５種。
数枚の型紙を使って刷毛で染料を摺り込む、日本独特の技法で製造された。
想像上の花や動物や人物など異国の模様を写しつつも、素朴でおだやかな風情を醸し出している。
㊮蒐集：関根（112~115頁）

鍋島更紗

鍋島更紗は、参勤交代の際に将軍や幕閣に献上するために、鍋島藩の用命で製作された。九山道清（1566〜1647）を祖とし、秘伝書と見本帳が残されている。

19 世紀につくられた「**鍋島更紗見本帳 さらさ屋兵右衛門**」（佐賀県重要文化財）より、異国情緒あふれる大唐花手。
鍋島更紗は九山家、江口家、江頭家の人びとに伝わった。
33 種の模様が貼り込まれた「鍋島更紗見本帳」は、藩から注文を受けるためのデザイン集だったと考えられている。
「見本帳」の裏打ち紙には江頭兵右衛門に比定される「さらさ屋兵右衛門」の名が墨書されている。

佐賀県立博物館蔵（116~119 頁）

大唐花と鳳凰を組み合わせた艶やかな模様。
鍋島更紗は、型紙による色染めに先立って木版をもちいる。
そこから生まれる鮮やかな黒の輪郭線と仕上げの木版による朱色の線描きが特徴となっている。

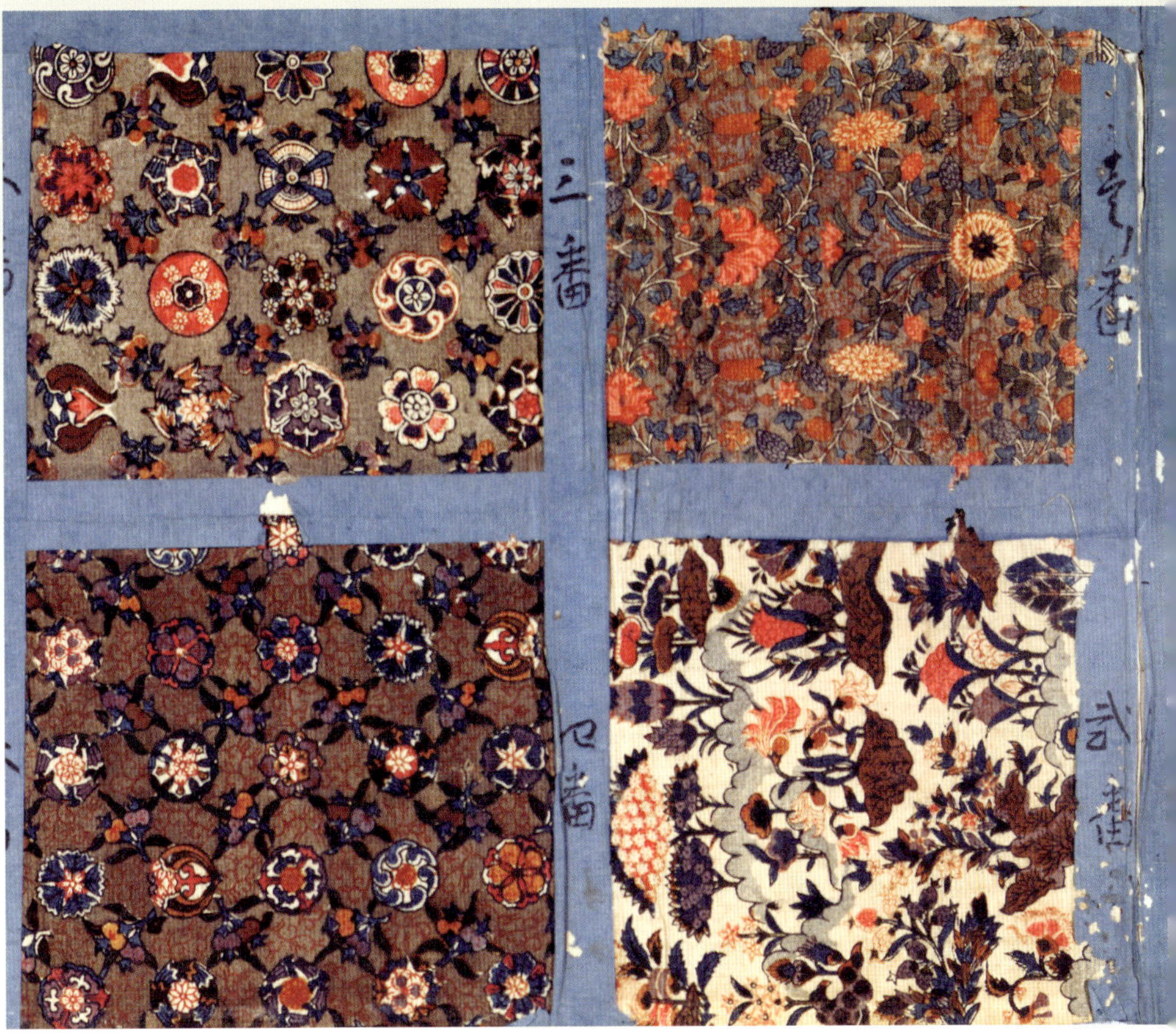

見本帳には、二番の花尽くし手や三番・四番の紋尽くし手など日本的な模様のほかに、
獅子手や鹿手など古渡り更紗の写しと思われる模様も多く、
それぞれの布に番号が付され、貼り込まれている。

◉更紗こぼれ話

夜具のかいまき

エキゾチックな模様と鮮烈な色彩の舶来更紗は、一般庶民にも憧れの的。江戸時代の『佐羅紗便覧』（1778年奥付）は舶来更紗の模様を紹介し、いかに古様に模倣するか、そのコツを解説している。一方で、『和漢三才図会《ずえ》』（1715年跋、1824年奥付）には「日本製の華布《かふ》（さらさ）は洗えば文様がすぐ落ちる」という記載もある。媒染技術の劣った和更紗は、洗うと色落ちしやすく、色彩も舶来物の鮮やかさとはほど遠い。それでも庶民は日本製の更紗を歓迎し、布団や座布団、風呂敷、着物の間着《あいぎ》や裏地に活用した。

写真は明治時代の和更紗のかいまき（織）。かいまきは中に薄い綿を入れた夜具で、形そのままに残っているのは珍しい。いかにも和風の2種類の小紋柄をお洒落に接ぎ合わせている。

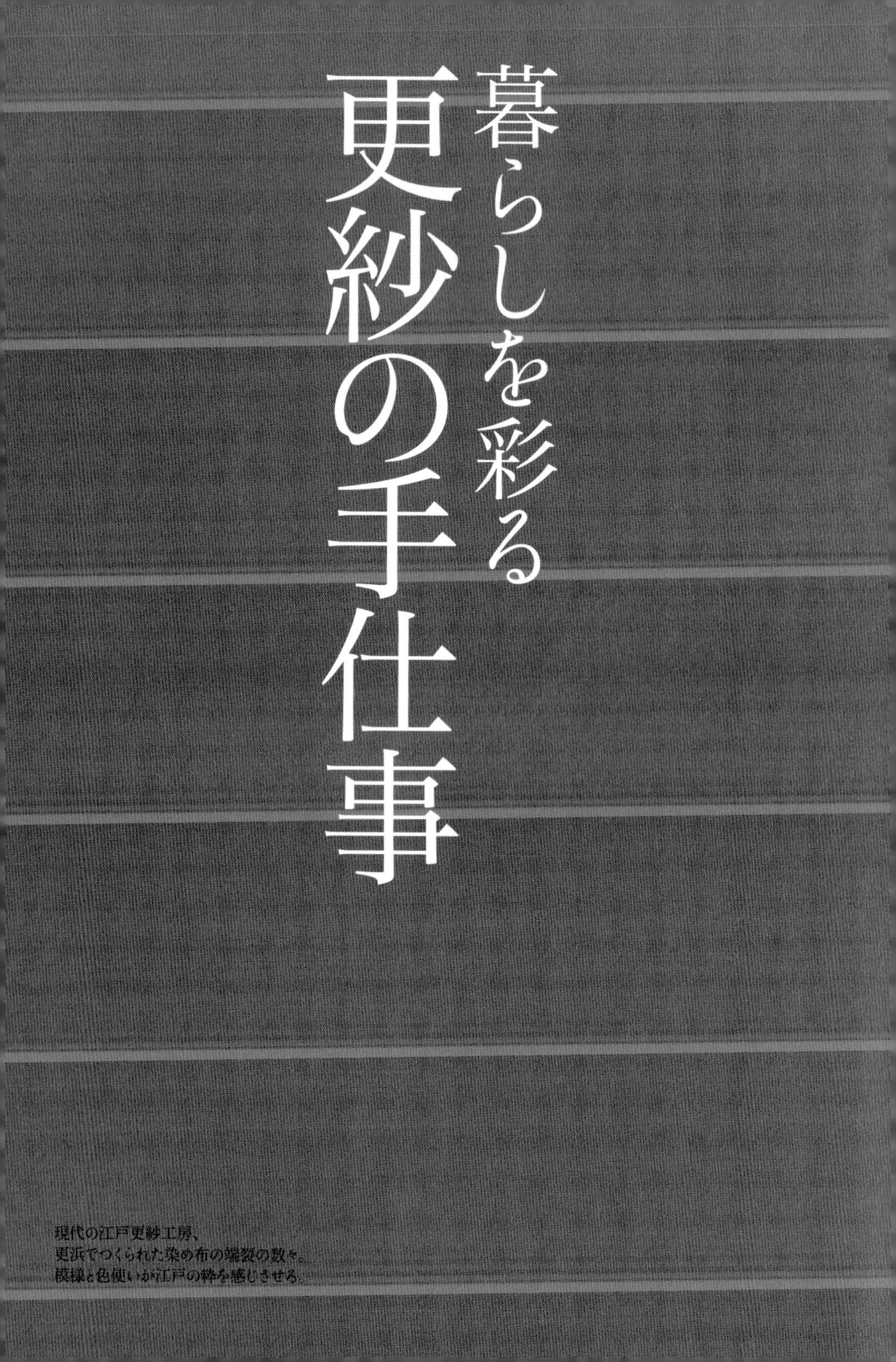

暮らしを彩る更紗の手仕事

現代の江戸更紗工房、
更浜でつくられた染め布の端裂の数々。
模様と色使いが江戸の粋を感じさせる。

上田晶子《せいこ》の袋物

古更紗を中心に収集し製作する袋物作家。仕覆《しふく》つくり教室を各地でひらき、年数回、茶杓作家の海田曲巷とともに個展を開催している。

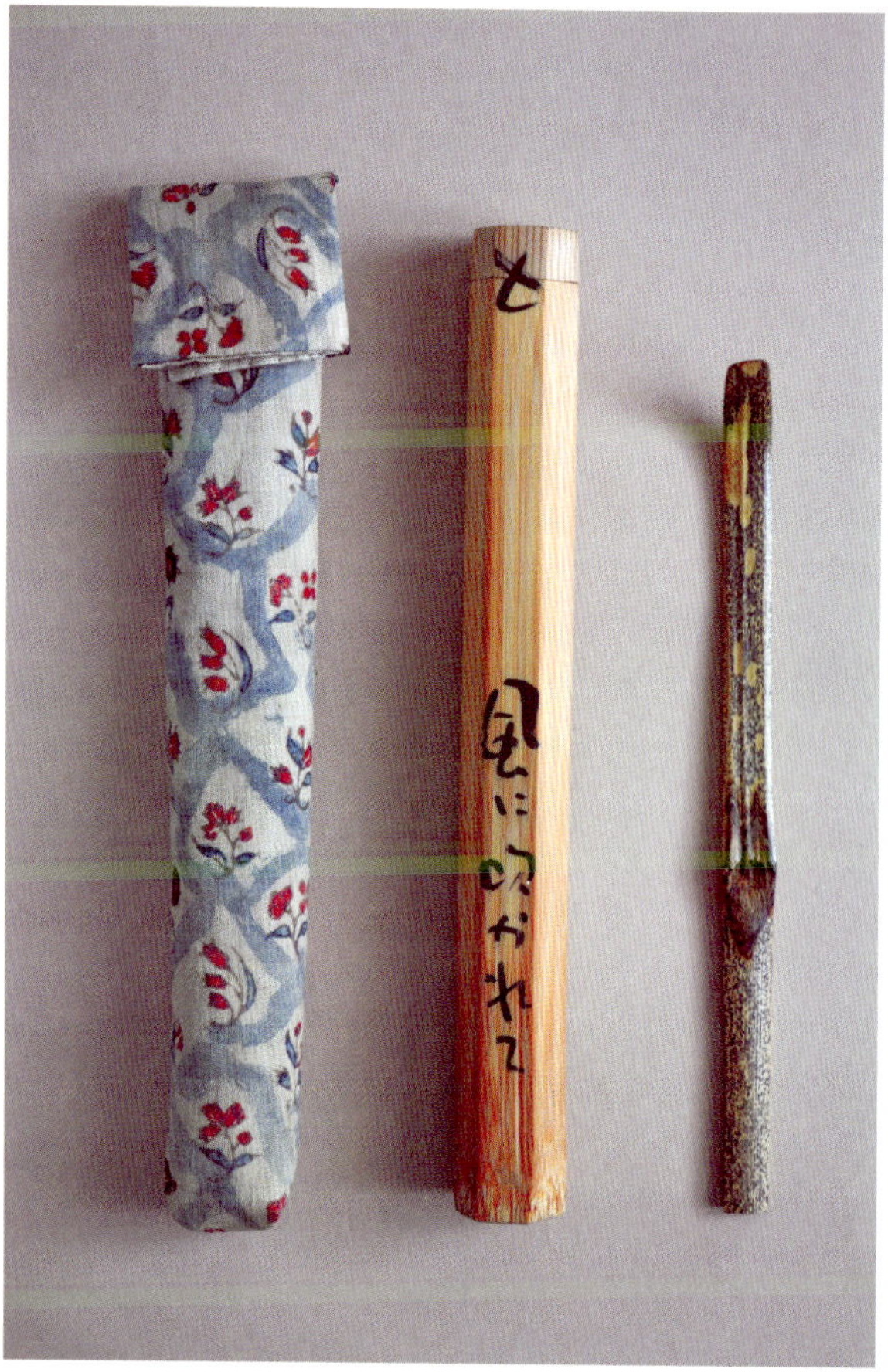

海田曲巷作の茶杓「風に吹かれて」と茶杓を入れる筒、筒を包むインド更紗の袋。

金を施した和更紗の仕覆が包むのはクメールの茶器、その箱にはインド鬼更紗の包み裂。インドの小花模様縞更紗の仕覆は、茶器に見立てたエミール・ガレのガラスに添う。(左頁)

袋物いろいろとインド更紗の敷布
小さな巾着袋２点はヨーロッパ更紗とインド更紗。（右）
匂い袋３点はインド更紗、中国更紗、ヨーロッパ更紗。（左下）
蝶の形の李朝瑠璃の水滴には蝶模様の中国更紗の袋を着せ、紐も蝶結びに。（左中）
黒高麗の徳利には青地に花文のインド鬼更紗。（左上）

◉藤田眞理の帯ときもの

世界各地を旅して更紗の古裂《こぎれ》を収集する
帯とききもののデザイナー。
端裂や傷みのある古布を組み合わせて
新たな生命を吹き込む。

○インド更紗にインドネシアで印金（20世紀初め）した帯。（右上）　インドネシア・プカロンガンのジャワ更紗に印金（19世紀末〜20世紀初め）した帯。（左上）　イギリス銅版更紗（19世紀）の帯2点。（下）

○きものは経年でしなやかになった17世紀末〜18世紀初めのインド鬼更紗。帯はインド更紗にバリの金更紗をパッチワークしたもの。（左頁）

大島紬と20世紀前半のジャワ更紗をパッチワークしたきものと対の帯。
1枚のジャワ更紗の、パダンと呼ばれる中央部分の模様と、
クバラと呼ばれる両端部分の鋸歯模様を組み合わせ、
さらに両脇部分の模様をテープ状にパッチワークしている。

更浜《さらはま》の江戸更紗

江戸更紗の伝統を伝える紺屋、更浜。三代目の佐野利夫・勇二兄弟が、江東区の無形文化財に指定された型紙による手作業の染めを今も続ける。

○明治時代から受け継がれた膨大な数の模様見本帳が残る。ひとつの模様から多くの色違いの布が生み出される。

名古屋帯仕立ての帯。
着尺と帯は型紙を共用している。

絹の着尺と帯は、十数枚の型紙を使い、染め色ごとに刷毛で染料を摺り込んだもので、
和更紗の製作に共通する技法である。
絹地に染められたがゆえに精緻な更紗模様が際立つ。

高橋尚子のインド木版布

現代の暮らしに合った手仕事の布をデザインする布作家。

インドのジャイプルで手織り・草木染め・木版による昔ながらの模様染めを現地の職人とともにつくりだす。

高橋尚子がデザインした木版布でつくった古帛紗7点。
右から2番目の布は古い木版型を使用している。㊙

代表的な木版布3点。
手織り布ならではのやわらかな風合いをもつ。㊙（左頁）

◎ブリジット・シンの衣

フランス人デザイナー、ブリジット・シン。
二十数年前からインドのジャイプルで
木版型の作成から布づくりを始め、
衣服やインテリア用品を製作している。

ムガル朝の花卉模様に由来する布でつくられたこども服と帽子、ベビー靴。
木版型の作成からデザイン・縫製まで、ブリジットの一貫した美意識で製作されている。㊕

女性用コート。両面にお洒落な木版布が使われている。（左頁）

◉ビンハウスの絹ストール

インドネシアのバティック工房、ビンハウス。
ジョセフィーヌ・W・コマラを中心に、
伝統を生かした現代アート感覚あふれる
バティックを創作する。

植物模様や幾何学模様をさまざまな技法で表現した手織りの絹地に手描きのストール 4 点。
伝統的なバティック模様に絞りや刺繡ステッチを組み合わせたり、
素材にウールやジャージー、ニットをもちいたりと、たえず新たな試みに挑戦している。(140~143 頁)

はじまりは更紗

佐藤留実

更紗が渡って来た時代

大航海時代、新航路の発見によりポルトガルやスペインの船は、香辛料や絹織物などの新たな貿易ルートを求め大海原に乗り出しました。スペインは西廻り航路でアメリカ大陸に至り太平洋へ。一方、ポルトガルは東廻り航路でアフリカ大陸の喜望峰を経由し、絹や木綿織物の一大産地であるインド亜大陸へ。西インド沿岸には、グジャラート、ボンベイ、ゴア、カリカットがあり、これらの地では大量の絹や木綿織物を仕入れることが可能でした。船はさらにセイロン島を経てベンガル湾へ。そしてさらに豊富な香辛料を産するインドネシアの島々へ向かい、極上の絹織物を求め中国・広東までも航路を延ばしました。本国を離れこのように気の遠くなるような遠路も、極言すればすべては莫大な利益のため。彼らは時に他国の船と戦いな

茜地に花唐草を染めた鬼手更紗。布端の裏に、ＶＯＣマークが捺印されている。ＶＯＣはオランダ東インド会社の略称。㊮

がら貿易拠点をつくり、命がけの航海をしていました。

1543年、ポルトガル船が種子島に漂着して以後、日本へ南蛮船が来航するようになりました。周知のとおり、西欧の文化やキリスト教の伝来は、わが国に多大な影響を与えました。続いて、1600年にはオランダ船リーフデ号が豊後に漂着。わずかに生き残った船員たちのなかには、のちに徳川家康に仕えたイギリス人の三浦按針《あんじん》ことウィリアム・アダムスとヤン・ヨーステンもいました。彼らは家康公から貿易の許可（御朱印状）を得て、やがて東インド会社のオランダ船とイギリス船（紅毛船）も寄港するようになります。

しかしながら、島原の乱以降の幕府によるキリスト教への弾圧、そして鎖国。長崎へ来航する船は唐船とオランダ船のみとなりました。このような激動の時代に更紗はわが国へもたらされたのです。

舶来した異国模様の木綿布は、たちまち若者たちの小袖や陣羽織などのファッションに取り込まれ、流行の最先端に踊り出ます。それらはやがて「さらさ」と称されました。

では、そもそも更紗とは一体何なのでしょう。

更紗とは

「さらさ」という言葉は、更紗、佐羅紗、皿紗、佐羅佐などさまざまな文字が宛てられ（※本書では更紗に統一）、外来語ということを示しています。その語源については諸説あります

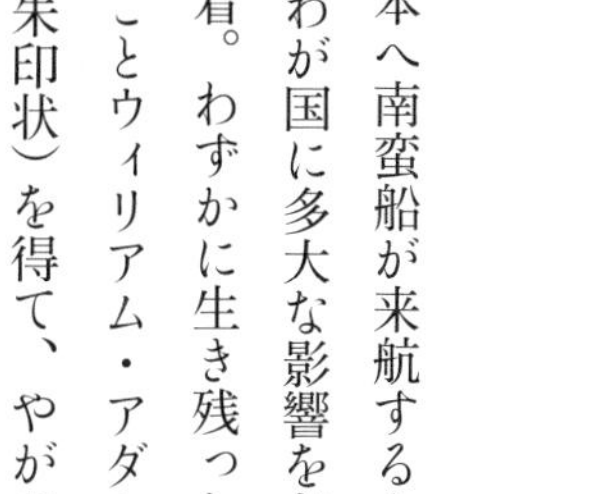

スラート港の風景
1670年
アムステルダム・ライクスミュージアム蔵
『The Colourful World of the VOC』（2002 THOTH Publishers Bussum）より転載。17世紀、オランダ東インド会社はグジャラートの更紗をスラート港から日本へ積み出していたという。
（撮影：与古田松市）

が、更紗の研究で知られる小笠原小枝氏は「リンス・ホーテンの『東方案内記』（1599刊）に記されている、インド東海岸から産出される最高の綿布〈サラーサ　sarasso, sarasses〉という言葉が布と一緒に伝えられたのではないか」とされ、現在この説が有力となっています。

あらためて、更紗として日本に伝来しているものを見渡せば、みな、木綿に草花・鳥獣・異国の人物模様などを型や手描きによって染めた布ばかり。本来、更紗は最高の綿布にのみ許された名称であったのでしょう。

ちなみに、江戸時代の人びとは更紗がどこから来たのか正確には知りませんでした。その産地については、唐、朝鮮、琉球、天竺とさまざまな国をあげています。もちろん正解は更紗の発祥の地、天竺（インド）です。

インドではモヘンジョダロ遺跡の出土例が示すように、紀元前から更紗を製作しており、時代や地域ごとに伝統的な模様が形成されました。たとえばヒンズー教の神々の物語を主題にしたものをはじめ、動植物文様、幾何学文様など多種多様です。これらの模様をあらわす技法は、おもに染料に浸ける前に媒染剤で模様を描く先媒染法や、溶かした蠟で模様を覆って染め分ける蠟防染を併用したものなどがありますが、そこには伝統の積み重ねによるたいへん高度なテクニックと複雑な工程が存在していました。

インド更紗が日本に渡って来たのは、おそらく桃山時代・16世紀後半から、ポルトガル船によって運ばれてきたと考えられます。なぜならインド大陸沿岸は16世紀末までポルトガルの植民地であったからです。当時「ピンタド」と呼ばれたグジャラートの手描き更紗も同国が独占していましたが、17世紀になってオランダが同地へ勢力を発展させた頃には、徐々に木版へ替わったとされます。そのようなグジャラートの更紗も日本へ舶載されていました。

日本に渡った更紗

長崎県の最西端に位置する平戸。かつてオランダとイギリスの商館があった場所です。今でも埠頭の跡や「オランダ塀」と称される敷地の塀の一部が残っています。平戸藩主松浦家の城下町として知られ、オランダ商館はこの地で１６０９年から30年ほど活動し、幕府の命により出島へと移動しました。

ところで、当時のことについて、東インド会社の商館員たちが日記を残していたのをご存知でしょうか。その記録から更紗に関係する記述を紹介しましょう。

「平戸侯へ……ペルシャの金羅紗一反、日本式の模様の更紗百反を我々の好意、ならびに我々と貴下との新たな友好のしるしとして贈る。……バタビヤ城にて記す　一六三八年七月十二日付　アントニオ・ファン・ディーメン」（一六三八年九月五日：ニコラス・クーケバッケルの日記／『平戸オランダ商館の日記』永積洋子訳）

これは「バタビヤ総督から平戸侯への手紙」の抜粋です。松浦鎮信が家督を継ぎ四代藩主となったため、総督が祝いの品を友好のために贈ったものです。ここで特に注目すべきは「日本式の模様の更紗」。日本人好みにデザインしたものを製作したということです。したがって、オランダ商館を経由すれば模様などの注文製作も可能だったということになりましょう。

この「日本式の模様の更紗」とは一体どのようなデザインだったのでしょうか。実は、安永から天明年間にかけて、古い時代に渡って来た更紗の模様を紹介した書籍が次々と発行されていました。それが『佐羅紗便覧』『増補華布便覧』『更紗図譜』です。これらは当時の熱烈な更紗ブームを伝えるものです。掲載された図版の中にある愛らしい模様の扇を配した「扇手」、団扇《うちわ》と軍配団扇を取り合わせた「団扇手」。これらはいかにも日本向けとわかりやすいものです。模様にはそれぞれ愛称がつけられました。「……手」とあるのは、いわゆる「模様のタイプ」と考えてよいでしょう。このほかにも多くの模様を紹介し、インドの宗教模様や他国が好んだ意匠も掲載しています。概観すると日本向けの更紗は小紋が多い傾向がうかがえます。このように日本人好みのデザインがある一方、江戸時代の人々にとってそれまで見たこともない珍しい模様が更紗に染められていたのです。みな夢中になったのは無理もありません。

　更紗には上質なものとそうでないものがあります。たとえば、古渡りのインド更紗は細い木綿糸を密に織っており、薄手で地合いも滑らかです。このような上質の木綿布は舶来当時から金巾（カナキン、カネキン）と呼ばれ、値段も相応でした。幕末の見本帳「紅毛船持渡反物切本帳《こうもうせんもちわたりたんものきれほんちょう》」（文政四年巳年七月　東京国立博物館蔵）においても、地質と染めが良いものには「上更紗」と記載して他と区別されています。

　木綿には種類によって長繊維質と短繊維質があり、綿から紡ぎ出す糸も技術によって太細が生じます。この点、インドの木綿は長繊維質であり、細い糸を紡ぎ出す技術にも優れていました。そのような糸で織った織密度の高い木綿布は「金巾」のように高級品として珍重され、イギリスでは「キャリコ」と称されました。極細の木綿で織った「モスリン」も、驚くほどの薄さと柔らかさによって西欧の貴婦人の憧憬を集めました。一方、糸が太くざっくりとした風

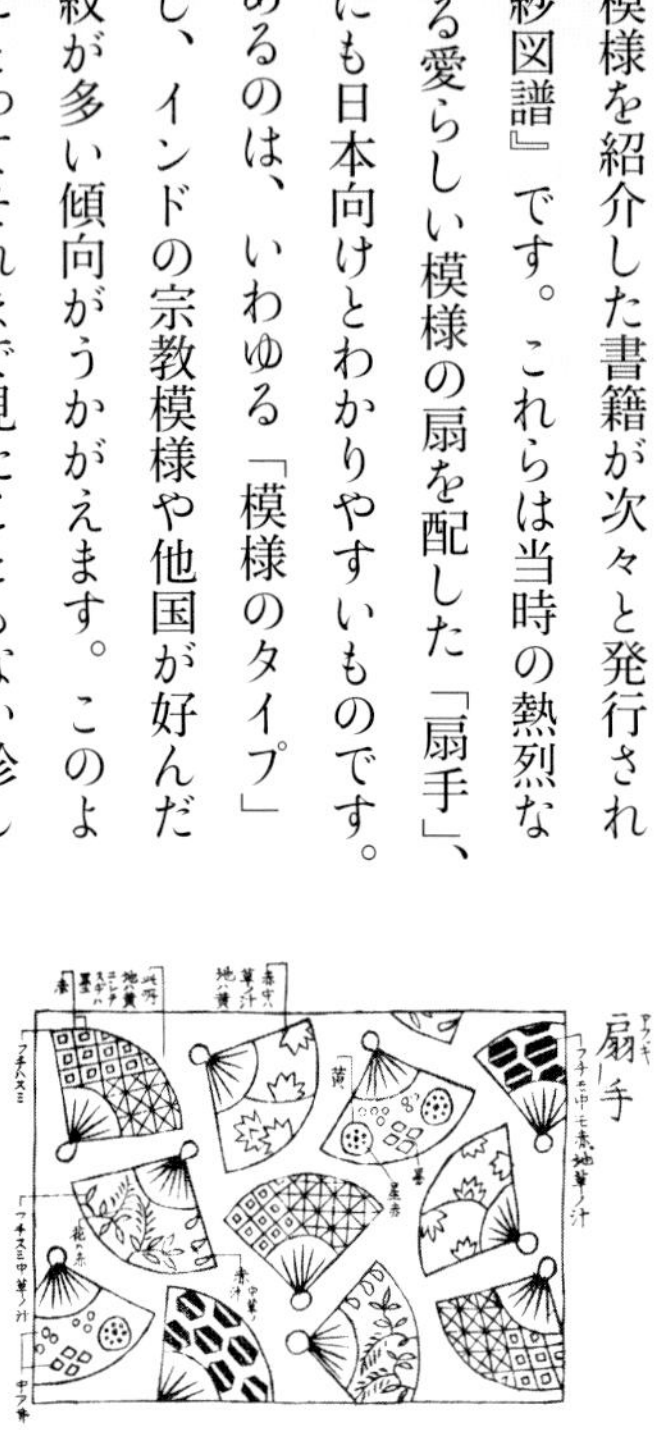

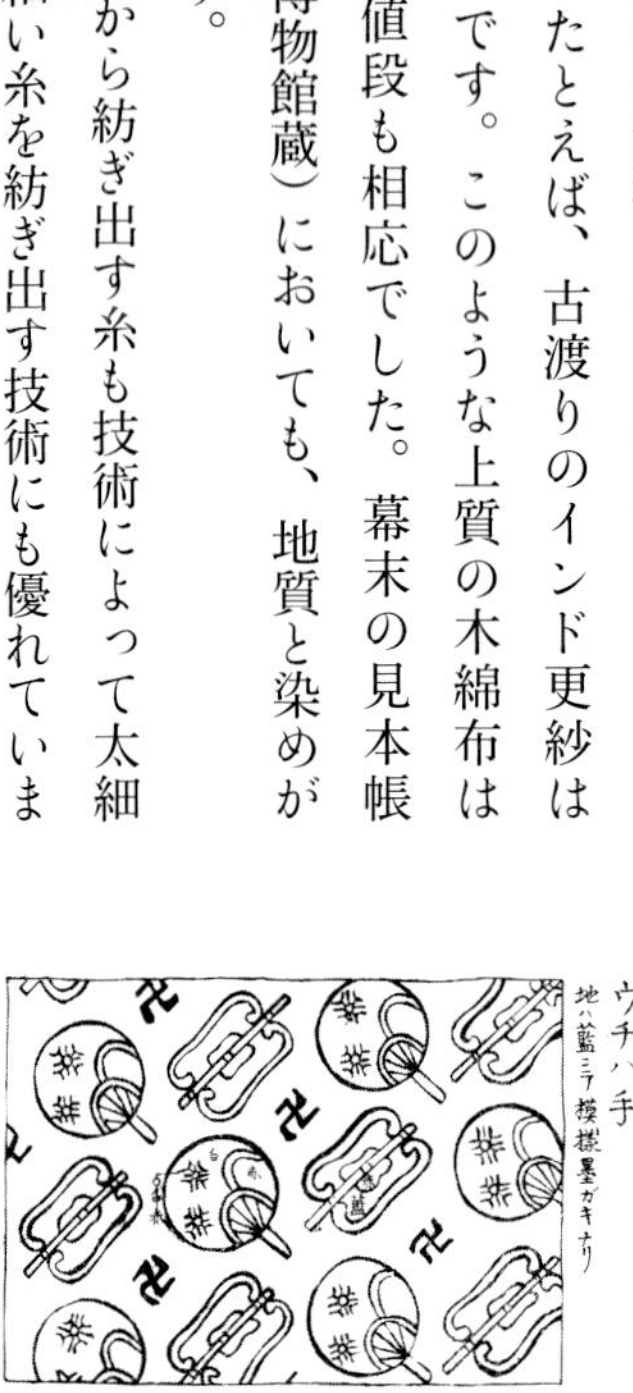

扇手と団扇手
『佐羅紗便覧』『更紗図譜』より

合いでやや厚みのある更紗を、日本ではいつ頃からか「鬼手」「鬼更紗」と称して、その素朴な趣を楽しんでいました。これらの更紗は地合いが粗いので、パターン化された模様を木版であらわしているものが大半です。

ところで、意外に思われるかもしれませんが、更紗は茶の湯にも関係しています。では、何に更紗をもちいているのかといえば、茶道具の箱を包む布です。特に伝来の古い茶道具には古様なインド更紗を目にします。もちろん、近代に取り合わせたものもあると思いますが、江戸時代からそのまま伝来している例もあります。たとえば松平不昧《ふまい》編纂の『古今名物類聚《ここんめいぶつるいじゅう》』には付属品として「包もの　さらさ袷《あわせ》」などと記録されています。茶道具の場合は風呂敷とは言わず「包もの」なのです。この「袷」というのは絹の裏地がつくもので、一枚ものより丁寧な仕立てということがわかります。実際、名物ともなれば、内箱を包んで中箱に入れ、中箱を包んで外箱へ入れるというようなことが多く、箱と包み布だけで大量な付属品と化していることも珍しいことではありません。そのうち古いインド更紗は一番古い内箱に使用されている傾向がみられます。

このような「包みもの」の中にはインド更紗だけではなく、幕末にもたらされた西欧の更紗やジャワ更紗、日本でつくられた和更紗の例もあります。つまり、丈夫な木綿は包み布として申し分のない素材なので、時代ごとに流行したいろいろな更紗が使われたということなのでしょう。これらは世界の木綿産業の歴史を端的に伝えるものとも考えられます。

『佐羅紗便覧』（さらさべんらん）
蓬莱山人帰橋著。安永7年（1778）刊。更紗研究の底本。はじめて更紗の文様を図版で解説（38図）。はじめて「古渡り」「新渡」という時代認識を示す。更紗の製作技術や新品を古い更紗に偽造する方法も指南。

『増補華布便覧』（ぞうほかふべんらん）
華布師、久須美孫左衛門著。安永10年（1781）正月刊。『佐羅紗便覧』に新たな図版と染色方法の解説を加え、更紗の概要を補うもの。文様の固有名称も掲載。

『更紗図譜』（さらさずふ）
稲葉通龍著。天明5年（1785）刊。『増補華布便覧』を改訂したもの。疑わしい記載を排除し計86図を掲載。

ヨーロッパに渡った更紗

華やかな更紗に魅了されたのは日本だけではありません。大海原へ船団を繰り出した西欧諸国。オランダ、イギリス、フランスなどでも大流行したのです。16・17世紀のヨーロッパでは木綿自体が珍しく、そこにエキゾチックで華やかな模様が染められた更紗が登場すると、誰もが夢中になりました。はじめは上流階級のモーニングガウン、ドレス、帽子などの服飾から家具、そして室内の壁面にまでもちいられ、やがてその模様もヨーロッパ趣味の意匠で染められるようになりました。

イギリスの場合は、インド更紗に対する熱狂的な流行と需要によって、自国の羊毛産業が大きなダメージを受けました。国内産業の中心であった毛織物業者はインドの木綿製品を排除しようと躍起になり、１７００年、ついに議会はインド製の模様染木綿布（更紗）の輸入禁止を議決。しかし、その人気は一向に衰える気配はありませんでした。更紗をめぐる一連の騒動は、結局、綿花や木綿布をインドやアメリカ大陸などから輸入して自国で染めるという、大規模な木綿産業を発達させることになります。さらに、石炭という新しいエネルギー、蒸気機関、新たな紡績機の発明など多くの要因が重なり、イギリスは他国に先駆けて産業革命へ猛進します。やがて、19世紀の終わりには最新のテクノロジーが生み出した上質な木綿布が生産され、そこに鮮やかな色彩の化学染料で流行の模様が染められるようになったのです。それらはプリンテッドコットンとして大量に世界へ輸出され、イギリスが統治していたインドにまで販路が

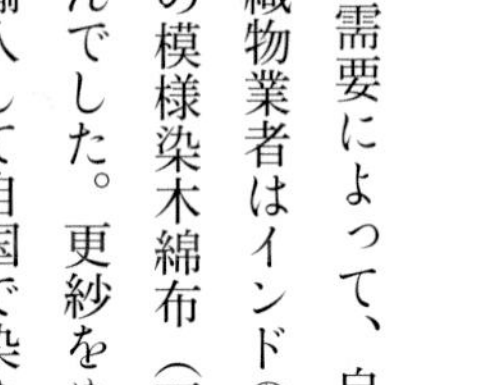

１８５０年にイギリス・マンチェスターでインド輸出用に製造された布。トランプ模様とインドのルピー紙幣やコインの模様がプリントされている。インドで擦り切れるまで使われ、継ぎ接ぎとアップリケを施された掛布。㊅岩

広がりました。もちろん、幕末の日本へも輸出され、上等な舶来更紗として人気を呼びました。一方、フランスでは１６８６年、国王ルイ14世がイギリスより早く、更紗の輸入・製造を禁止しました。これによりフランスは木綿産業においてヨーロッパ諸国から大きな遅れをとることになります。

近世フランスのレヴァント貿易史の研究で知られる深沢克己氏は、この禁令と１６８５年の信仰の自由を認めたナント勅令廃止により、フランス南部で発展しつつあった更紗製造産業にかかわっていた多数のユグノ（フランスのカルヴァン派新教徒）捺染《なっせん》業者が出国し、特にスイスが亡命ユグノの資本と技術によって更紗製造産業の中心となったこと、さらにベルン、バーゼル、ミュールーズ、アルザス、そしてオランダへもその影響が及んだことなどを明らかにしています。フランスにとって捺染業者の出国は染織産業において大きな損失となりました。しかも、更紗の輸入を禁じたところで貴族たちは従うはずもありませんでした。

更紗に関する禁止令が解除されたのは１７５９年のこと。翌年にはさっそくドイツ人のクリストフ・P・オーベルカンフ（１７３８〜１８１５）がジュイ・アン・ジョサスに更紗の製造工房を開きます。のちに「トワル・ド・ジュイ」と称されたその模様の特徴は、白地に藍色や赤色を使い、神話の世界やドン・キホーテなどの物語をテーマに田園風景と人物を繊細にあらわしたものでした。なかでもデザイナー、ジャン・バティスト・ユイの芸術的な意匠は評判を呼び、宮廷の貴族たちからも称賛されました。１８４３年に工場は閉鎖されましたが、フランスの染織産業は近代化された工業生産の時代へ急激に進みました。

東南アジアに渡った更紗

アラブ商人などにより古くからインドの染織品が流通していた東南アジア。インドネシア・スラウェシ島には14世紀に遡るグジャラートの更紗が伝来し、遥かな交易の歴史を伝えています。16・17世紀からは、ポルトガルやオランダが胡椒、ナツメグなどの香辛料を求めてインドネシアへ進出しました。交易品として歓迎されたもののなかに、グジャラートのパトラ（経緯《たてよこ》絣の絹織物）や上質のインド更紗がありました。それらは王族や宮廷の服飾、儀式の装飾布として重宝されましたが、西欧船の来航以降は、インドネシア好みのデザインで誂えたインド更紗が、オランダ東インド会社によってもたらされるようになりました。やがてオランダはジャワの政治・経済に深くかかわり、周辺地域への植民地化を進めます。

18世紀以降、ジャワでは蠟防染の木綿布「バティック」が発達します。いわゆるジャワ更紗です。宮廷を中心につくられ広がった格式のある布は、しばしば技術や模様構成にインドの更紗やパトラの影響が指摘されています。19世紀にはオランダとイギリスが、自国の工場で生産した上質な木綿布を大量にジャワへ輸出するようになります。繊細な模様を描くのに最適なこの素材によって高品質のバティックの製作が可能となり、それらはヨーロッパへ輸出され、さっそく模倣の対象となりました。多様な文化を融合させ、独特な模様と色彩にあふれたバティックは、インド更紗のように世界へ広がっていったのです。２００９年、インドネシア共和国のバティックは世界無形文化遺産に登録されました。

グジャラートの経緯絣パトラ
19〜20世紀　五島美術館蔵
「鈍翁の眼」展図録より転載。

仏教王国のタイでは、インド更紗は王室の御用達でもありました。アユタヤ朝（1351〜1767）では王室がグジャラートへ伝統文様を注文して誂えていたといいます。インド製の上質な木綿を使った更紗は、王族や宮廷の服飾を彩りました。また、宗教を意匠化した模様は、経典の包み布にももちいられ、そのうち仏像をモチーフとしたものは日本では「仏手《ほとけで》」と称されています。更紗は、江戸時代に「暹羅染《しゃむろぞ》め」とも呼ばれましたが、それは日本の貿易商人が暹羅国（タイ）でインド更紗を手に入れたからかもしれません。面白いのは、インドの更紗が、日本と暹羅国の古い交易の時代があった事実を我々に伝えていることです。

おわりに

大航海時代に海外へ渡ったインドの更紗は、日本やヨーロッパなど各国で大流行を起こし、それぞれ自国の更紗をつくり出しました。その大きな流れをつくったのは、オランダ、イギリス、フランスなどの東インド会社です。特に、オランダ東インド会社については、交易にかかわる各国の好みに合わせた意匠のインド更紗を製作しており、それが熱狂の起爆剤になったといっても過言ではないでしょう。

多くの人びとに木綿製品が懇望された時代の西欧において、更紗を生産するには綿花や綿布を大量に輸入する必要があり、そこでも各国の東インド会社は世界中でしのぎを削りました。商業活動と植民地化政策が一体となった巨大組織は、その後の産業革命をも支えていたのです。

時は経ち、街には木綿プリントのファッションがあふれています。鮮やかな布をまとうことが贅沢だった遠い時代に人びとを魅了したインド更紗。合成染料が褪せていくなか、今もなお変わらぬ色彩を保ち、気がつけば、更紗・SARASAは世界の人びとを繋ぐ言葉となりました。

【参考文献】

マルコ・ポーロ／愛宕松男訳注　１９７１『東方見聞録』平凡社
佐賀県立博物館　１９７７『鍋島更紗・緞通展』
古賀和文　１９８３『近代フランス産業の史的分析』学文社
小笠原小枝　１９８３『舶載の染織』（日本の染織４）中央公論社
吉本忍編　１９９３『ジャワ更紗―その多様な伝統の世界』平凡社
Pepin van Roojen　１９９３『BATIK DESIGN』THE PEPIN PRESS AMSTERDAM・SINGAPORE
西宮市大谷記念美術館／朝日新聞社　１９９５『畠中光享コレクション　インド染織美術展』
John Guy　１９９８『WOVEN CARGOES』THAMES AND HUDSON
小笠原小枝　１９９８『染と織の鑑賞基礎知識』至文社
山脇悌二郎　２００２『絹と木綿の江戸時代』吉川弘文館
小笠原小枝　２００５『別冊太陽　更紗』平凡社
深沢克己　２００７『商人と更紗―近世フランス＝レヴァント貿易史研究』東京大学出版会
五島美術館　２００８『古渡り更紗』
福岡市美術館　２０１４『更紗の時代』
大阪歴史博物館・産経新聞社　２０１５『海峡を渡る布』

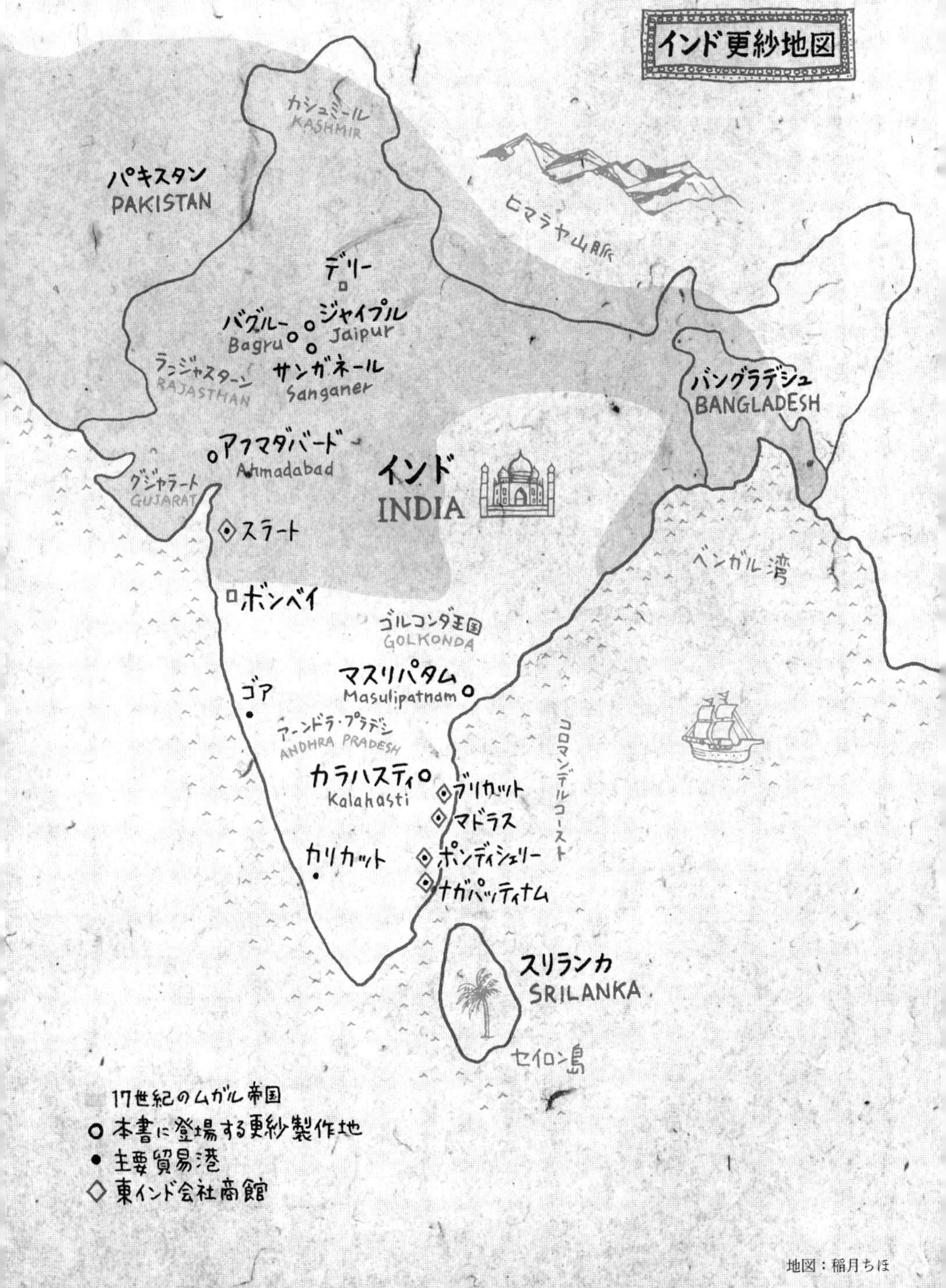
インド更紗地図
カシュミール
KASHMIR
パキスタン
PAKISTAN
ヒマラヤ山脈
デリー
バグルー
Bagru
ジャイプル
Jaipur
ラージャスターン
RAJASTHAN
サンガネール
Sanganer
バングラデシュ
BANGLADESH
アフマダバード
Ahmadabad
グジャラート
GUJARAT
インド
INDIA
スラート
ベンガル湾
ボンベイ
ゴルコンダ王国
GOLKONDA
マスリパタム
Masulipatnam
ゴア
アーンドラ・プラデシ
ANDHRA PRADESH
コロマンデルコースト
カラハスティ
Kalahasti
プリカット
マドラス
カリカット
ポンディシェリー
ナガパッティナム
スリランカ
SRILANKA
セイロン島
17世紀のムガル帝国
本書に登場する更紗製作地
主要貿易港
東インド会社商館

地図：稲月ちほ

本書に掲載した更紗に出会える場所

岩立フォークテキスタイルミュージアム

館長の岩立広子さんが半世紀にわたってインドを核にアジア各地を訪ね歩き、収集したコレクションを収蔵し、企画展示している。インドでは辺境の村々を含む全域を訪ね、村人の服装や職人の技と暮らしを見てまわるなかで、それまで注目されなかった村々の布を収集。インド染織のコレクションは4000余点、アフガニスタン、パキスタン、バングラデシュ、トルコなどインド以外の地域の染織は3500余点に及ぶ。

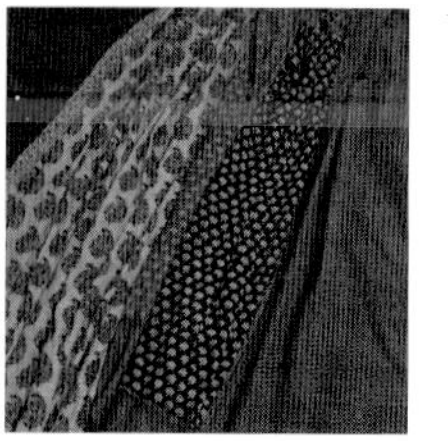

東京都目黒区自由が丘 1-25-13
岩立ビル 3 階
Tel 03-3718-2461
企画展会期中の木・金・土曜 10 ～ 17 時
入館料 300 円（小・中学生は無料）

染織工房イカット

工房を主宰する渡辺万知子さんは染織家で、インドネシア染織の研究家でもある。長年にわたりインドネシア各地で収集したジャワ更紗のコレクションは、美術館での展覧会や各地で催される展示会で見ることができる。ジャワ更紗は長方形の一枚布で、インテリアとして人気があるが、身にまとったときの布の表情が美しく、渡辺さんはコートドレスやパンツなどの衣服のデザインにも力を入れる。衣服は展示会で購入できる。

東京都杉並区成田東 4-22-14
Tel 03-3314-7505
要予約

ギャラリーチューリップ

主宰者の山本理香さんは、ペルシャを中心とするアジアの染織の研究家で、ギャラリーではインド・ペルシャ・ヨーロッパ更紗と、中国以西の国々のアンティーク染織品（刺繍・錦・綴・絣・キリムなど）や工芸品などを扱っている。18～19世紀を中心に中世から古代の裂も扱う。イランやヨーロッパの個人コレクターやオークションなどを頻繁に訪ね歩き、探し求めた布の数々は、ホームページ上でも一部を見ることができる。

東京都中央区明石町 1-3
Tel 03-3545-1239
enquiry@gallerytulip.com
http:/gallerytulip.com
要予約

織田有

創業1972年の織田有《おだう》では更紗を含む世界のさまざまな古裂や古美術を扱っている。JR有楽町駅から徒歩数分のビル内という便利な場所にあるギャラリーでは、オーナーの鈴木ヨリさんが企画する「世界の更紗展」「安南茶碗と更紗展」などの展示会が定期的に催される。企画展示のほかに、バティックやインド更紗で仕立てた帯や小物類などは常時見ることができる。本書掲載のブリジット・シンさんの衣や高橋尚子さんの布の扱い元でもある。

東京都千代田区有楽町 1-12-1
新有楽町ビル 1 階
Tel 03-3215-0125
Fax 03-3215-0126
月～金曜 10 時～ 19 時
土曜 13 時～ 19 時
日曜・祝日は休み

更浜《さらはま》（有限会社 美彌好）

更浜《さらはま》は、江東区大島の賑やかな商店街から一歩入った路地にある、昔ながらの佇まいの建物を工房とする紺屋。染色のために陽射しをさえぎる工夫を凝らした工房の中には、樅の木の一枚板でつくられた張り板が並び、見本帳や型紙が山と積まれている。佐野利夫さん・勇二さん兄弟は染めの作業をするかたわら、ここで見本帳を前に新たな製作の打ち合わせもおこなう。着尺や帯のほか、扇子入れや巾着袋などの小物も製作している。

東京都江東区大島 6-24-9
Tel 03-5628-9238
要予約

古民藝 もりた

青山の骨董通りにある店には、オーナーの森田直さん・和子さん夫妻が集めた世界中の古裂がそろう。インドネシアの染織や中国の古裂から日本の刺繡布や藍染め布まで各種の古裂が充実しているが、特に更紗類は品揃えが豊富。古渡りインド更紗やヨーロッパ更紗、和更紗などの一枚物の大きな布はもちろん、小物づくりに重宝する各種の端切れが用意されている。年に数回、「はぎれ市」も開かれている。

東京都港区南青山 5-12-2
Tel 03-3407-4466
10 時～ 19 時
正月と旧盆以外は年中無休

松本路子（まつもと みちこ）
写真家、エッセイスト。写真集に『Portraits 女性アーティストの肖像』（河出書房新社）、『DANCERS エロスの肖像』（講談社）など、著書に『晴れたらバラ日和』『魂の布』『東京 桜100花』（以上、淡交社）などがある。

佐藤留実（さとう るみ）
五島美術館学芸員。名物裂を中心とする染織文化を専門に研究。2001年「名物裂」展、2008年「古渡り更紗」展を企画。近年の執筆は『なごみ 更紗の来た道』（通巻406 淡交社）、『淡交別冊 仕覆の愉しみ』（No.64 同）ほか。

デザイン
鈴木正道（Suzuki Design）

企画編集
Studio View（松本路子／平間素子）

○撮影協力（本書に掲載した更紗の所蔵者）
岩立広子（岩立フォークテキスタイルミュージアム）㊗岩
ジョセフィーヌ W. コマラ（ビンハウス）㋪ビ
秦泉寺由子 ㊗秦
鈴木ヨリ（織田有）㊗織
森田直／森田和子（古民藝 もりた）㋲も
山本理香（ギャラリーチューリップ）㋠
渡辺万知子（染織工房イカット）㊗渡

*敬称略、五十音順
*㊗岩などの記号は、本文中の各キャプション末尾に付して所蔵者を示す。

○画像資料提供
大阪新美術館建設準備室
五島美術館
佐賀県立博物館・美術館
一般財団法人 J. フロント リテイリング史料館（松坂屋コレクション）
女子美術大学美術館
福岡市美術館
トワル・ド・ジュイ博物館、フランス

更紗　いのちの華布

平成28年3月30日　初版発行

著者　松本路子　佐藤留実
発行者　納屋嘉人
発行所　株式会社 淡交社
〔本社〕
〒603-8588 京都市北区堀川通鞍馬口上ル
営業　075-432-5151
編集　075-432-5161
〔支社〕
〒162-0061 東京都新宿区市谷柳町39-1
営業　03-5269-7941
編集　03-5269-1691
http://www.tankosha.co.jp
印刷・製本　図書印刷株式会社

ISBN978-4-473-04084-8